기독교문서선교회(Christian Literature Center: 약칭 CLC)는 1941년 영국 콜체스터에서 켄 아담스에 의해 시작되었으며 국제 본부는 미국 필라델피아에 있습니다.
국제 CLC는 59개 나라에서 180개의 본부를 두고, 약 650여 명의 선교사들이 이동 도서차량 40대를 이용하여 문서 보급에 힘쓰고 있으며 이메일 주문을 통해 130여 국으로 책을 공급하고 있습니다. 한국 CLC는 청교도적 복음주의 신학과 신앙 서적을 출판하는 문서선교기관으로서, 한 영혼이라도 구원되길 소망하면서 주님이 오시는 그날까지 최선을 다할 것입니다.

추천사 1

이 원 옥 박사

밝은빛영광교회 담임목사, 남북협력학술원 원장, 전 한국성서대학교 신약학 교수

모든 사람이 태어나면 피할 수 없는 두 가지 일이 있는데 하나는 결혼이고, 다른 하나는 죽음이다. 그런데 이 두 가지를 교육하고 준비하는 사람은 찾아보기 쉽지 않다. 그래도 결혼은 그동안 결혼예비학교를 통해 꾸준히 상당한 준비를 해 왔다.

그러나 웰다잉(Well-dying)에 대해서는 이제서야 서서히 조금씩 준비하고 있는 모습을 보게 된다. 내 삶이 21일 남았다면 어떻게 삶을 정리할 것인가를 결단할 수 있도록 특별새벽예배를 드리는가 하면 유언장을 쓰면서 죽음을 준비해 보지만 죽음이 무엇인지도 모르기 때문에 실질적 준비를 하지 못하고 있는 것을 보게 된다.

이렇게 죽음학에 대하여 전무한 이때 김성수 목사님이 성경을 기초로 자신이 경험한 죽음까지 더하여 모든 사람에게, 특별히 기독교인들에게 죽음을 준비할 수 있도록 만들어 주시는 데 감사를 표한다.

성경에서는 죽음에 대하여 두 단어로 표현하고 있는데 하나는 "데려간다"이고, 다른 하나는 "잠을 잔다"이다. "데려간다"는 말은 하나님 아버지께서 자신의 자녀들을 천국으로 데려가신다는 뜻이고, "잠을 잔다"라는 말은 부활을 기다리면서 흙으로 돌아가

있는 상태를 말씀한다. 모든 사람은 반드시 예수님께서 재림하실 때 부활하여 하나님의 자녀들은 천국으로, 마귀의 자녀들은 그의 아버지가 있는 지옥으로 가서 살게 된다. 이에 대하여 김성수 목사님은 『죽음, 자살 그리고 천국』에서 잘 정리하여 주셨다.

우리 선조들도 "명이 다하면 죽게 된다"고 말했다. 사람은 각자의 사명을 끝내면 하나님의 부름에 따라 죽음의 문을 통과하여 어떤 사람은 천국에, 어떤 사람은 지옥에 가게 된다.

천국은 단순히 착한 사람이나 좋은 일을 많이 한 사람이 가는 곳이 아니라 하나님의 자녀이기 때문에 아버지의 집으로 가는 것이고, 지옥은 마귀를 자기 아버지로 섬기고 살았기 때문에 가는 것이다.

하나님의 자녀가 되기 위해서는 예수님께서 하나님의 아들 그리스도이심을 믿어야 한다. 그리스도라고 믿는 것은 예수님께서 자신의 죄를 위해서 십자가에서 죽으시고 장사되셨다가 부활하셨다는 사실을 믿는 자에게 주시는 하나님의 특권이다. 이를 거부하는 자는 마귀이고, 마귀를 따르는 자들이다.

자살에 대하여 추천인도 논문을 써서 학회에서 발표를 했었는데, 많은 오해가 있는 부분이다. 특히, 정신질환이나 우울증과 같은 질병으로 자살을 선택하는 것은 자신의 의지가 아니라 질병의 문제라는 사실을 인정해야 한다. 자살로 천국에 가고 지옥에 가는 문제가 결정되는 것이 아니라, 천국에는 예수님을 하나님의 아들과 그리스도로 믿어 하나님의 자녀가 되어 가는 것이다.

그러므로 자살했기 때문에 지옥에 갔을 것이라는 판단을 쉽게 해서는 안 된다. 하나님께서 죽음의 문턱을 넘어 천국에 들어올 수 있게 만드는 방법은 참으로 많이 있다. 가장 아름다운 죽음의 문턱을 넘는 방법은 자신의 사명을 다하고 모세처럼 기력이 쇠하지 않고 이제 바울처럼 자신을 하나님께서 부르고 있다는 것을 알고 기쁨으로 천국에 입성하는 일일 것이다. 이 아름다운 죽음의 문턱을 넘으려면 마지막까지 자신에게 주어진 사명을 감당하기 위해서 최선을 다해야 할 것이다.

사람들은 죽은 사람이 좋은 곳에 갔을 것이라고 말한다. 이는 죽음으로 이 세상의 삶이 끝나는 것이 아니라 반드시 다음 세상이 있다는 것을 알고 있기 때문에 하는 말이다.

세상에서는 고생했지만 다음 세상에서는 좋은 곳에서 편하게 지내면 좋겠다고 말하면서도 그 좋은 세상에 갈 수 있도록 준비는 하지 않고 있는 것이 현실이다. 김성수 목사님께서 『죽음, 자살 그리고 천국』을 출판하시니 특별히 기독교인들이 죽음을 실질적으로 준비할 수 있는 계기가 되길 소원해 본다.

더욱 본서를 통하여 예수님을 하나님의 아들 그리스도로 믿지 않고 있는 자들에게 복음을 전할 수 있는 도구가 될 수 있기를 소원한다.

끝으로 본서는 저자 자신이 직접 죽음을 경험해 보았고 이 주제를 성경을 중심으로 저술하였기 때문에 더욱더 가치가 있다고 생각하여 모든 이에게 적극적으로 숙독하기를 권하며 추천하는 바이다.

추천사 2

방 성 기 박사
한국호스피스돌봄협회 대표회장

우는 자들과 함께 울라(롬 12:15).

심리학자 조너선 하이트(Jonathan Haidt)는 그의 저서 『행복의 가설』(The Happiness Hypothesis)에서 사람은 누군가를 사랑할 때와 사랑을 받을 때 행복하며, 나 자신을 위할 때보다 다른 사람에게 도움 되는 일을 할 때 행복감이 높아진다고 하였다.

영원한 천국을 꿈꾸며 행복한 삶을 살아가기를 원하는 이들에게 2023년 새해를 맞아 한국호스피스돌봄협회 상임위원 겸 교육위원장이신 김성수 목사님의 저서 『죽음, 자살 그리고 천국』은 웰빙의 삶으로부터 웰다잉을 준비하는 데 최고의 길잡이가 되어 줄 것으로 확신한다.

미국 시카고대학교의 의대 교수이며 정신병리학자였던 엘리자베스 퀴블러 로스(Elisabeth Kübler-Ross)는 『죽음과 죽어 감』(On Death and Dying)을 비롯한 여러 권의 책을 출판함으로 미국 국민들은 물론 전 세계인들에게 큰 울림을 주었고 호스피스 돌봄 운동에 지대한 영향을 주었던 것처럼, 김성수 목사님도 그의 저서 『죽음,

자살 그리고 천국』을 통해 죽음의 문턱에서 절망하고 있는 호스피스 환우들과 가족들 그리고 호스피스 돌봄 사역으로 진정한 사랑을 실천하고자 하는 사명자들에게 큰 도움을 줄 것이라 믿고 추천한다.

추천사 3

김헌수 박사
꿈너머꿈교회 담임, 투헤븐선교회 대표, 대전신학대학교 부활실천신학 겸임교수

    영국의 경제학자 윌리엄 헨리 베버리지(William Henry Beveridge)가 "요람에서 무덤까지"라는 유명한 말을 했다. 출생의 요람에서부터 마지막 순간의 무덤까지 책임을 진다는 뜻으로 매우 의미 있는 좋은 말이다. 그렇기에 사람들은 모든 책임을 다하려고 노력한다.
    물론 그 의미는 잘 알지만 교회에서까지 그렇게 모두 다 동의할 수는 없다. 정확히 말해서 그리스도인은 '무덤까지'가 아니기 때문이다. 구원받은 그리스도인은 분명히 다르다. 예수 그리스도를 구주로 영접한 믿음의 사람인 그리스도인은 '무덤에서 부활까지'이며 '천국까지'가 되어야 한다. 이것이 온전한 구원이다. 그리스도인의 마지막 최종 결론은 '부활이며 천국이고 구원'인 것이다.
    예수님은 살아나셔서 잠자는 자들의 첫 열매가 되셨다(고전 15:20). 우리는 부활의 예수 그리스도를 믿기에 죽음을 이기고 영생하는 생명을 얻는다. 기독교의 핵심은 십자가와 부활의 복음이다. 만약 다시 사는 부활이 없으면 믿음도 헛되고 여전히 죄 가운데 있게 된다(고전 15:17).
    그렇기에 찬송가 180장은 다음과 같이 믿음을 고백하며 찬송한다.

> 무덤 속에 잠자는 자 그때 다시 일어나 영화로운 부활승리 얻으리
> 주가 택한 모든 성도 구름 타고 올라가 공중에서 주의 얼굴 뵈오리
> 나팔 불 때 나의 이름 나팔 불 때 나의 이름 부를 때에 잔치 참여하겠네

잠을 자다가 다시 일어나고 부활 승리하여 구원의 완성을 이루는 것이다.

김성수 목사님의 저서 『죽음, 자살 그리고 천국』에서 다소 생소한 글을 접했지만, 많은 부분에 공감을 갖게 되었다.

나도 언젠가 닥쳐올 죽음에 대한 여러 가지가 매우 궁금했었다. 목회 여정을 통해 많은 죽음을 접하면서 여전히 혐오스럽고 천국의 기쁨을 실감할 수 없었기에 오히려 회피하고 싶은 것이 사실이었다. 이에 죽음에 대하여 보다 깊이 또 구체적으로 알아야겠기에 죽음의 실제를 다루는 국가장례지도사 자격증을 2013년에 취득했다. 그러나 궁금증은 풀리지 않고 더 깊은 고민(?)만 생겼다.

성경에서 모든 답을 찾고자 『기독교장례, 이대로 좋은가? 성경에서 말하는 장례』를 2013년 12월에 죽음에 관련한 첫 책으로 출판하였다. 그 후 2016년 『성경적 천국환송』을 비롯하여 『천국환송 예식서』, 『예수부활의 15가지 비밀』 등 다수의 책을 발간하였다. 그리고 실제로 죽음이 아닌 부활을 행함의 복음으로 제시하였는데 때가 되매 시대적 사명자로 귀한 김성수 목사님을 만나게 된 것이다.

본서의 저자이신 김성수 목사님은 기독교적인 깊은 이해와 총체적인 경험을 갖고 계셨다. 이미 자신이 청소년기에 또 지금에 이르기까지 다양한 죽음을 접하셨다. 이를 바탕으로 본서를 통하여 구체적이고 실제적인 내용을 다루게 되셨다. 모든 그리스도인이 현

실에서 쉽게 느끼고 접하는 문제들이기에 깊은 공감을 하게 된다.

본서에서 모두가 겪어야 할 죽음에 대한 개념과 이해를 정확하게 밝히면서 자살의 죽음까지 자세히 설명한다. 또한, 자살과 죽음을 우울증과 연계하여 그들이 왜 천국에 갈 수 있는지를 조심스럽게 언급하면서 위로와 치료 그리고 상담의 목회적인 측면으로 접근을 시도했다. 웰빙과 웰다잉 그리고 마지막 바람직한 장례식까지 폭넓게 터치하면서 새로운 패러다임으로 한국 교회에 제시한다.

그동안 그리스도인들이 잘못 이해하고 한국 교회의 부족하고 정확한 답이 미흡했던 내용들에 대하여 문제의식을 갖고 과감하게 도전하셨다. 이에 신학과 성경적으로 또 다양한 목회학적인 측면에서 본서를 저술하셨기에 동시대의 동역자로서 지지하게 된다. 목사로서 사랑하는 성도들을 구원의 길로 인도하고 살리는 목양의 사명까지 책임지는 목회자의 애절한 마음을 읽을 수 있기에 찬사를 보낸다.

본서는 한국 교회와 모든 그리스도인이라면 모두에게 해당되는 누구나 겪고 보고 알아야 될 일이기에 필독서로 애용할 것을 추천한다. 이제 더욱 교회가 교회다워지고, 성도가 성도 되고, 복음이 복음 되기를 소망하며 마음껏 격려와 응원의 박수를 보내고 감사를 드린다.

죽음, 자살 그리고 천국

Death, Suicide and Heaven: Well-Being · Well-Dying Guidebook
Written by Seong Soo, Kim
All rights reserved.
Korean Edition Copyright ⓒ 2023 by Christian Literature Center, Seoul, Korea.

죽음, 자살 그리고 천국

2023년 6월 7일 초판 발행

지 은 이 | 김성수

편　　집 | 전희정
디 자 인 | 김하은, 서민정, 박성준
펴 낸 곳 | (사)기독교문서선교회
등　　록 | 제16-25호(1980. 1. 18.)
주　　소 | 서울특별시 동대문구 천호대로71길 39
전　　화 | 02-586-8761-3(본사) 031-942-8761(영업부)
팩　　스 | 02-523-0131(본사) 031-942-8763(영업부)
이 메 일 | clckor@gmail.com
홈페이지 | www.clcbook.com
송금계좌 | 기업은행 073-000308-04-020 (사)기독교문서선교회
일련번호 | 2023-25

ISBN 978-89-341-2556-3(03230)

이 책의 출판권은 (사)기독교문서선교회가 소유합니다.
신저작권법에 의하여 한국 내에서 보호받는 저작물이므로 무단 전재와 무단 복제를 금합니다.

죽음, 자살 그리고 천국

김성수 지음

WELLBEING · WELLDYING GUIDE BOOK

웰빙 · 웰다잉 가이드북

CLC

/목차/

추천사 1 **이원옥 박사** | 밝은빛영광교회 담임목사, 남북협력학술원 원장, 전 한국성서대학교 신약학 교수   1
추천사 2 **방성기 박사** | 한국호스피스돌봄협회 대표회장   4
추천사 3 **김현수 박사** | 꿈너머꿈교회 담임, 투헤븐선교회 대표, 대전신학대학교 부활실천신학 겸임교수   6

프롤로그   16

제1부 죽음(Death)   18

제1장 죽음에 대한 다양한 이해   26
  1. 문화권을 중심으로 죽음 이해하기   26
  2. 종교를 중심으로 죽음 이해하기   31
  3. 다스칼로스가 말하는 죽음   47

제2장 나의 체험 사례   51
  1. 죽음 앞에서의 신앙고백   51
  2. 내가 경험한 죽음(18세)   57
  3. 내가 목격한 죽음   63
  4. 죽은 자가 살아나다   71

제2부 자살(Suicide)   82

제1장 자살에 대한 일반적 이해   84

    1. 자살의 정의   84
    2. 자살의 개념   84
    3. 자살 문제의 심각성   86
    4. 자살의 일곱 가지 종류   87
    5. 자살의 원인과 과정   102

제2장 내가 경험한 자살   108

    1. 자살자의 심리와 자살의 동기 이해   108
    2. 자살 순간의 찰라적 회개   113
    3. 기독교에서 자살하면 지옥 간다는 이유   119
    4. 회개에 필요한 시간?   121
    5. 올바른 회개기도 방법   124
    6. 진정한 회개와 회개 효력   129

제3장 자살의 총체적 이해   131

    1. 삼손의 죽음 – 자살인가 순교인가?   131
    2. 가룟 유다의 자살과 지옥   132
    3. 루터의 어록   135
    4. 안타까운 자살자들   137
    5. 베트남의 틱광득 스님의 '반열반' 자살   140
    6. 불교에서의 자살에 대한 가르침   141
    7. 법에서 허용된 죽음과 자살: 조력사, 안락사, 존엄사   142
    8. 자살을 생각하는 이들에게   147

제3부 천국(Heaven)   152

제1장 죽음! 그리고 영원한 행복?   154

    1. 죽음 이후의 행복은 천국이 있기 때문이다   154
    2. 누구든지 당당히 죽음을 맞을 수 있다   157
    3. 죽음 앞에서 담대했던 나의 체험   163

제2장 우리 모두 천국에서 만나요   169

    1. 천국에서 만나고 싶은 사람 1: 최진실   169
    2. 천국에서 만나고 싶은 사람 2: 하희라 씨의 어머니   176
    3. 천사가 전도자들 곁에서 박수를 치고 있다   182

제4부 웰빙(Well-being)과 웰다잉(Well-dying)   190

제1장 웰빙(Well-being)의 삶   192

    1. 웰빙의 삶을 위한 최고의 제안: 신의 성품으로 살자   195

제2장 웰다잉(Well-dying)을 위하여   203

    1. 의사들의 방문 서비스 확대   204
    2. 호스피스 보호사 양성과 돌봄센터 설립   205
    3. 연명치료 거부 의사 확인의 필요성   207

제3장 웰다잉(Well-dying)   210

    1. 웰다잉(Well-dying)이란 무엇인가?   210
    2. 웰다잉(Well-dying)의 죽음   211

제4장 죽음 이후의 세계, 천국을 바라보며   221

    1. 죽음은 끝이 아니며 새로운 삶을 시작하는 것이다   221
    2. 우리 모두 예수님 믿고 천국 갑시다   223
    3. 타락한 기독교인들은 회개해야 천국 간다   228

제5부 크리스천의 장례식   242

제1장 행복한 장례식   244

    1. 아버지의 죽음과 행복한 장례식   244
    2. 크리스천의 장례식은 천국 환송예배여야 한다   249
    3. 천국 환송예배 때 갖출 정장은 흰색이어야 한다   252
    4. 천국 환송예배: 천국 입성 축하예배   256

제2장 가장 이상적인 장례식   258

    1. 추억을 나누는 장례식   258
    2. 교훈과 애정을 나누는 장례식   260
    3. 복음을 전하는 장례식   261

제3장 여러분을 초대합니다   263

    1. 하나님의 천국에 함께 가요   263
    2. 하나님의 천국은?   267

    에필로그   270

프롤로그

김 성 수 목사
은혜교회 담임, 한국호스피스돌봄협회 교육위원장

나는 18살이던 1980년 장티푸스 증세와 비슷한 열병으로 투병하던 중 죽음(임사)을 경험했고, 20살이던 1982년 겨울 제주도에서 경운기 시동을 걸다가 시동채에 맞아 코뼈가 부러지며 기절을 경험했다. 23살이던 1985년 7월 부산에서 투신자살을 시도했다가 피투성이가 되었지만 운 좋게 살아남았다.

그리고 주의 종이 되어 기도하는 중에 귀신에게 눌린 자가 자유하게 되고, 많은 병든 자가 치료되고, 두 번이나 죽은 사람이 살아나는 것을 목격했다.

그리고 내 나이 60세, 2023년 5월에 이 책을 여러분 앞에 내어놓는다.

죽음이 무엇인지 알았기에 자살을 두려워하지 않았던 것 같다.
죽음이 무엇인지 알았기에 죽은 자가 살아날 수 있다는 믿음을 가졌던 것 같다.

그렇게 다양한 경험을 기초로 하여 늦게나마 이 글을 쓰게 된 것이다. 개인의 경험을 기반으로 책을 쓰다 보니 다소 주관적인 경향이 있겠으나 독자들이 죽음과 자살 그리고 죽음 이후를 이해하는 데에 조금이라도 도움이 될 수 있기를 기대한다.

　죽음학(Thanatology)의 발전과정을 살펴보면 영국이 1948년, 미국이 1959년, 일본이 1986년, 우리나라의 경우는 1997년에 들어서야 죽음 교육, 또는 죽음 준비 교육이 시작되었다.

　웰빙(Well-being)이 중요한 만큼 웰다잉(Well-dying)도 중요하다. 아니 더 중요하다. 왜냐하면, 대략 100년 동안의 이생의 삶 이후에는 영원히 사는 영생의 삶이 이어지기 때문이다.

　이 책이 웰다잉 교육에 조금이라도 이바지할 수 있기를 소망한다.

　이 책이 나오기까지 기억을 되살려 주고 격려해 준 나의 어머니와 아우들(막내 김만수 목사, 김선화 집사, 김연옥 집사)에게 감사하며 나의 아내와 자녀들에게도 감사를 전한다.

　교회의 기둥으로서 지난 20여 년을 함께 동역해 주신 이태규 장로, 김영옥 권사, 유은주 권사님과 은혜교회의 성도님들께 감사드리며 책의 교정을 맡아 주신 김애란 집사님께도 감사를 드린다.

　마지막으로 지금까지도 미천한 종을 위해 기도해 주시며 격려해 주신 선후배 목사님들과 지인 및 총신 88회 동기들께도 감사를 전한다.

　그리고 볼품없는 책을 기꺼이 추천해 주신 분들과 흔쾌히 출판을 맡아 주신 CLC(기독교문서선교회)에도 심심한 감사를 드린다.

　이 책을 온 세상의 상처 입은 영혼들, 그리고 천국을 소망하는 모든 사람과 그들에게 무한한 사랑과 긍휼을 베푸시는 성삼위 하나님 앞에 봉헌하나이다.

제1부

죽음(Death)

제1장 죽음에 대한 다양한 이해

1. 문화권을 중심으로 죽음 이해하기
2. 종교를 중심으로 죽음 이해하기
3. 다스칼로스가 말하는 죽음

제2장 나의 체험 사례

1. 죽음 앞에서의 신앙고백
2. 내가 경험한 죽음(18세)
3. 내가 목격한 죽음
4. 죽은 자가 살아나다

* * *

　예일대학교의 명교수로 알려진 셸리 케이건의 『죽음이란 무엇인가』(*Death*)라는 제목의 두꺼운 책을 읽었다.
　그런데 철학 교수 자신이 가진 인식, 즉 "영혼은 존재하지 않는다"는 전제하에 쓰여진 이 책은 그 부피에 비해 무엇인가 알맹이가 빠진 것 같은 느낌을 금할 수가 없다.
　그리고 "만일 영혼이 있다면?"이라는 철학적 연구 관점에서 전개하는 내용들은 책을 읽을수록 무엇인가 복잡하고, 가슴 답답함이 느껴졌음을 부인할 수가 없다. 철학의 한계를 분명히 발견할 수 있었다.

　이와 달리 "죽음학의 대가"요 "세계 100인의 사상가"라고 인정받았던 스위스의 여의사 엘리자베스 퀴블러 로스(Elisabeth Kübler-Ross)의 책들을 읽어 보면 머리에서 발끝까지 후련한 느낌을 금할 수가 없었다. 대표적인 그의 저서로는 『상실수업』, 『어린이와 죽음』, 『죽음과 죽어 감』, 『사후생』 등 죽음과 연관된 여러 권의 책이 있다.
　퀴블러 로스는 인간의 죽음에 대한 연구에 일생을 바친 사람이고, 미국 시사 주간지 「타임」이 "20세기 100대 사상가" 중 한 명으로 선정한 사람이다. 그녀는 죽음학의 선구자라고 할 만큼 평생 죽음과 밀접한 삶을 살았다. 그래서 "죽음의 여의사"라는 별명도 얻었다. 그녀의 대표적인 업적은 전 세계적으로 죽음을 앞둔 사람들을 위한 마지막 서비스, 즉 '호스피스 사역'의 문을 열었다는 것이다.

퀴블러 로스는 스위스에서 출생하여 정신과 의사로서 환자들의 경험을 통해 사후세계가 있음을 이해했고 그 역시 영혼이 몸을 빠져 나오는 체험을 하면서 죽음이란 육체를 두고 하는 말이며 영혼은 죽음 이후로도 계속 생존함을 가르쳤다. 퀴블러 로스야 말로 죽음학의 거장이고 그녀의 책이야 말로 죽음학 교과서이다.

그녀는 책을 통해 죽음에 대한 몇 가지 사실을 증언한다.

1. 어떠한 죽음이라도 비참하지 않다고 말한다

오랜 질병이나 갑작스런 사고로, 아니면 자살이나 납치 등으로 자녀를 잃은 부모의 마음은 무어라 설명할 수가 없을 것이다. 그런데 죽음은 어떠한 죽음이라도 비참하지 않다고 말한다.

육체가 아무리 끔찍하게 손상되었을지라도 그 사람의 영혼이 느끼는 죽음의 세계는 너무나도 자유롭고 평안하다는 것이다.

2. "우리에게 죽음은 없다"는 것을 깨닫게 한다

계란 껍질을 깨고 병아리가 태어나고, 누에가 고치를 벗고 나비가 되어 날아가듯이 우리의 영혼은 육체라는 옷을 벗어 버려야 영원한 삶의 세계로 나아가는 것이다.

계란은 그자체로도 분명한 생명체이다. 그러나 병아리가 되고 닭이 되면 더욱더 구체적인 생명력을 느끼게 된다.

누에의 삶도 분명한 삶이다. 그러나 나비의 삶은 더더욱 분명한 삶이며 환상적인 삶이다. 갇혀 있는 삶이 아니라 해방된 삶이며, 제한적인 삶이 아니라 무한히 자유로운 삶이 시작되는 것이다.

그러므로 인간의 죽음이란 말은 끝이 아니라 시작을 뜻하는 말이요, 육체를 벗고 무한자유의 삶을 시작한다는 말이다. 살아 있는 사람들이 이해하지 못하는 또 다른 형태의 새로운 삶을 시작하게 된다.

그러므로 인간에게 죽음이란 육체에 한정된 것이며 영혼이란 존재에게는 죽음이 없다는 결론에 이르게 되는 것이다. 죽음이란 말은 끝이 아니라 시작을 뜻하는 말이요, 육체를 벗고 무한 자유의 삶을 시작한다는 말이다. 살아 있는 사람들이 이해하지 못하는 또 다른 형태의 새로운 삶을 시작하게 된다.

3. 죽음은 긍정적으로 인식해야 한다

퀴블러 로스의 『사후생』이라는 책에 소개된 바에 의하면, 죽음 바로 직전이 되면 평화로운 정적이 찾아온다는 것이다.

책의 내용 일부를 살펴 보면 다음과 같다.

> 이러한 때가 되면, 나는 그 아이들에게 지금 경험하고 있는 것을 나에게 기꺼이 얘기할 수 있는지 묻는다. 그러면 그들은 모두 비슷한 말을 한다. "모든 것이 다 잘 되고 있어요. 엄마와 피터는 벌써 저를 기다리고 있어요."

나는 그 어린이의 어머니가 사고 현장에서 갑작스럽게 죽었다는 것은 알고 있었지만, 그의 남동생인 피터가 죽었다는 것은 모르고 있었다.

그 후 곧 나는 아동병원으로부터 피터가 10분 전에 죽었다는 전화를 받았다.

죽음은 끝도 아니고, 절망도 아니며, 부정적인 어떤 것이 아닌 우리 모두가 자연스럽게 걸어가야 하는 또 다른 삶이다.

4. 죽음은 알고 죽어야 한다

환자 스스로가 죽음에 대해서 부정적으로 생각하고 무서워하니까 일부 의료인이나 가족까지 환자에게 사실을 그대로 알려 주지 않는다. 하지만 대부분의 환자는 자신의 상태에 대해 사실 그대로 알기를 원한다. 1개월 시한부, 6개월 시한부 생명이라는 사실을 인식할 때 환자가 자신의 죽음을 준비할 수 있기 때문이다.

퀴블러 로스는 그의 저서 『죽음과 죽어 감』에서 임박한 죽음을 알려 줌으로 환자는 남은 시간들을 더욱 소중하게 여기고 가족이나 주변인들을 더욱 진지하게 대하게 된다고 말한다. 만약 자신에게 다가온 죽음을 준비할 수 있는 시간을 주지 못한다면 환자의 삶에는 더욱 큰 미련과 후회감이 남게 된다고 한다.

5. 죽음 이후에는 사후의 삶이 이어진다

퀴블러 로스는 『사후생』이라는 책에서 죽음의 순간에 우리를 맞으러 오는 수호천사의 존재나, 먼저 죽은 사랑하던 가족의 출현이 있고 사후의 삶이 시작된다고 말한다.

> 지구 곳곳에서 수천 명의 사람이 죽음을 앞두고 똑같은 환각을 갖는다는 것, 즉 그들보다 먼저 죽었던 친척들이나 친구들을 알아본다는 사실은 정신과 의사인 나에게 매우 흥미로웠다.*

예를 들어, 젊은 인디언 여인이 고속도로에서 뺑소니차에 치였고 죽어 가고 있었다. 차를 몰고 가던 행인이 그녀를 돕고자 멈췄다. 그녀는 그에게 침착하게 말했다.

지금 그가 자신을 위해 해 줄 수 있는 일은 아무것도 없으며, 나중에라도 사고 현장에서 7백 마일 정도 떨어진 그녀의 어머니가 사는 인디언 보호구역 근처에 가게 된다면 소식을 좀 전해 달라고 했다. 그녀가 어머니에게 전해 달라고 했던 소식의 내용은, 자신은 괜찮고 이미 아버지와 함께 있기 때문에 매우 행복하다는 것이었다.

그 인디언 여인은 이 행인의 팔에 안긴 채 죽었는데, 이 행인은 너무 감동하여 즉시 7백 마일을 운전해 그녀의 어머니를 방문했다. 인디언 보호구역에 도착했을 때, 그는 희생자의 아버지가 딸이 사고로 죽기 한 시간 전에 죽었다는 얘기를 들었다.

---

* 엘리자베스 퀴블러 로스, 『사후생』, 최준식 옮김((재)대화문화아카데미, 2020), 96.

아버지의 죽음을 전혀 알지 못했던 인디언 여인이 죽음의 순간에 아버지의 영혼과 만나고 있었다는 사실이 증명된 것이다.

퀴블러 로스의 책에는 어떤 사람이 죽어 갈 때 다른 가족의 죽음이 알려지지 않았거나 죽는 사람이 그것을 알지 못했을 때에도, 이미 자기 가족의 마중을 받았던 사례들이 수없이 많다.

그러나 필자가 가지는 한 가지 의문이 있다.

죽음 직후의 영혼들이 서로 교감한다는 사실은 충분히 이해할 수 있으나 죽은 지 오래된 영혼들이 계속적으로 교감한다는 사실에 과연 동의할 수가 있을까?

죽은 자의 영혼은 이 땅에 계속 머무는 것이 아니라 천사들에 이끌려 영원을 향한 여행을 시작한다고 믿기 때문이다.

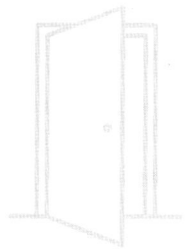

제1장

죽음에 대한 다양한 이해

죽음에 대한 이해는 전 세계 70억의 사람들이 공통적으로 이해하는 면도 있겠지만 각 나라와 전통과 풍습과 개인적인 학습과정을 통해 여러 가지의 다양한 이해를 가지고 있다.

1. 문화권을 중심으로 죽음 이해하기

1) 아시아인의 전통적, 일반적 이해: 죽음은 혼이 떠나는 것이다

오래 전부터 우리나라에서는 사람이 죽으면 가족 중에 시신을 보지 않은 사람이 '사자밥'이라고 하여 밥 세 그릇과 집신 세 켤레를 대문 밖에 내어놓는다. 먼 길 떠나는 사자(죽은 사람)를 위해 먹을 것과 신발을 준비해 준다는 의미일 것이다.

그리고 '고복'(皐復)이라는 의식을 행하는데 그 내용을 살펴보면 고인이 평소에 즐겨 입던 옷을 들고 지붕 위로 올라가 북쪽 하늘을 향해 옷을 세 번 크게 흔들면서 "복(復) 복(復) 복(復)"이라고 크게 외친다. 우리말로 풀어 설명하면, "돌아오시오, 돌아오시오, 돌아오시오"라는 뜻이다. 이렇게 외쳤어도 죽은 자의 혼이 돌아오지 않는다면 장례절차를 시작한다.

  사실 이와 같은 '고복'이라는 의식은 중국에서 전래되었다. 자료를 참고해 보면, 공자의 가르침과 맥을 같이 하는데 공자와 그 후학들의 가르침을 한 무황제 때 하간(河間)과 선황제 때 유향(劉向) 등에 의해 정리가 된다.

  이것을 대덕(戴德)과 대성(戴聖)이 요약해 책을 편찬하는데 대덕이 만든 85편을 〈대대예기〉(大戴禮記)라 하고, 대성이 만든 49편을 〈소대예기〉(小戴禮記)라고 한다.

  『예기』(禮記)라는 책의 〈예운편〉(禮運篇)에 사람이 죽었을 경우 "승옥이호고왈 고모복"(升屋而號告曰 皐某復)이라고 했는데 이 말의 뜻은 "지붕 위에 올라가 혼을 불러 말하기를, 아아! ○○○여 돌아오라고 소리치다"라는 뜻이다.

  영화 〈사도〉에서 영조왕이 죽었을 때에도 고복 의식이 행해지는데, 영조가 입던 왕복을 들고 지붕 위에 올라가 "상위복"이라고 세 번 외치며 하늘을 향해 옷을 크게 흔들고 "조선국 임금의 혼령이시여 돌아오소서-"라고 외치다가 왕의 겉옷을 공중으로 던진다.

  『조선왕조 숙종 실록』제61권, 30장에는 다음과 같은 기록이 있다.

諡冊文曰 … 何意上天之難諶 遽見淑質之云逝 蒼黃一夕 忍隔幽明 皐復三 呼 怳若夢寐 脩短有數 豈緣醫技之無良 … (시책문왈 … 하의상천지난심 거견숙 질지운서 창황일석 인격유명 고복삼호 황약몽매 수단유수 기연의기지무량).

이 문장은 다음과 같은 내용이다.

> 위로 하늘은 믿기가 어려운 것이어서 숙질이 갑자기 서거할 줄이야 생각이나 했겠는가. 하루 저녁 창황한 가운데 유명을 달리하여 세 번 이름을 불러 고복을 하니 마치 꿈속인 것처럼 아련하구려. 사람 목숨의 길고 짧음은 운에 따르는 것이니, 어찌 의원의 기술이 좋지 못하다고 탓할 수 있겠는가.

이런 사상을 뿌리로 하여 장례 문화가 형성되는데 전통적으로 우리나라의 장례에 빠짐없이 등장하는 것은 상여와 상두꾼들의 노래이다.

이 선소리꾼이라고도 하는 상두꾼들이 부르는 노래는 〈해로가〉 또는 〈호리가〉라고 부르는데 이는 중국 한나라 때부터 구전으로 전해져 왔다고 한다. 그 노래의 가사들을 살펴보면 주로 인생무상이나 혼백을 위로하는 내용들이다.

우리나라에서는 장송곡이라고도 하는 상엿소리 가운데 가장 많이 알려진 노랫말은 "이제 가면 언제 오나 어이야 디이야-" 라는 가사이다. 평생 상엿소리를 했다는 (고)오충웅 옹의 이야기를 담은 『이제 가면 언제 오나』(김준수 지음)라는 제목의 책이 2012년 출판되었다.

이 모든 것을 종합해 볼 때 우리나라와 중국을 비롯한 아시아여러 나라 사람들은 죽음을 "혼이 떠나는 것"으로 이해한다.

2) 타 문화권의 죽음에 대한 이해

(1) 북미 인디언

이들은 사람이 죽으면 시신을 인근 산 위에 안치시켜 두고 돌로 덮어 둔다. 이때 생전에 죽은 자가 사용했던 온갖 부장물은 함께 묻는다.

장례식은 부족장에 의해 진행되고 호화 장식을 한 의상과 장비들이 동원 되는데 매장지로 이동하는 도중에는 반드시 개울이나 강을 건너게 하는 절차를 밟는다. 이승에서 저승으로 건너간다는 의미이다.

인디언들의 장례식을 통해서도 그들의 생각에 영혼의 존재를 인정하고 있다는 것을 알 수 있다.

(2) 고대 이집트인

이들도 영혼의 존재를 믿었고 환생도 믿었다. 이집트의 피라미드를 통해 발견하는 이집트인들의 죽음에 대한 인식은 죽음 이후에도 영혼은 존재하며 어느 때에는 환생할 것이라고 생각했다. 사람의 육신은 죽지만 영혼의 존재는 불멸하며 무한하다고 생각했다. 그리고 그 영혼의 존재는 언젠가 환생한다고 생각했다.

그러므로 쉽게 썩어 버리는 육체를 잘 보존하여 영혼이 환생할 때 그 육체를 사용할 수 있게 해야겠다는 생각에서 미이라가 탄생하게 된다.

마스타바[*]

　사실 대규모의 피라미드가 만들어지기 전의 이집트인들은 '마스타바'(mastaba)라는 왕의 무덤을 만들었다. '마스타바'라는 말은 아랍어로 '사각형의 벤치'라는 의미이다. 사자(죽은 사람)가 환생할 때까지 영원한 삶을 바라보며 오랫동안 쉬면서 기다리는 곳이라는 의미의 무덤이다.

　마스타바의 지상부나 지하부에는 몇 개의 방이 있는데 한 방에는 미라를 안치하고 다른 방에는 사자를 위한 물건을 넣어 두었다.

　가장 오래 된 것은 사카라에 있는 초기 왕조 시대 아하왕의 무덤인데, 지상 부분은 음식 등을 두는 넓은 저장실로 되어 있으나, 그 후 무덤에서는 지하 부분이 확장되어 저장품도 지하에 두었다. 예배실이 있고, 안쪽에는 가짜 문을 달아 죽은 자의 영혼을 위한 출입구로 삼았다.

---

[*] https://m.blog.naver.com/PostView.naver?isHttpsRedirect=true&blogId=lovejsf&logNo=221150475753

마스타바는 왕의 묘로서 피라미드가 만들어지면서 고왕국 시대(古王國 時代)부터는 귀족이나 중신(重臣)들의 무덤으로 성행되었다. 이 마스타바가 발전된 것이 피라미드라는 말이다.

2. 종교를 중심으로 죽음 이해하기

1) 기독교(성경)의 죽음 이해

- 죽음은 육체와 영혼이 분리되는 것이다.
- 죽음은 흙으로 지음받은 육체가 흙으로 돌아가는 과정이다.
- 죽음은 하나님께서 인간의 영혼을 거두어 가심이다.
- 죽음은 우리의 육체가 잠자는 시기이고 우리의 영혼이 하나님과 함께하는 시간이다.

죽음을 이해하기 전에 인간 창조에 대한 이해가 필요하다.

성경 창세기에는 하나님께서 흙으로 인간을 만드시고, 그 속에 생기를 불어넣으셨다고 설명한다. 이것을 과학적으로 증명하기는 쉽지 않다. 그러나 경험을 통해서 얻어지는 결과들을 보면 이 모든 것은 충분히 증명된다.

사람의 육체는 성분학적으로 볼 때 흙과 같은 물질이다. 사람이 죽으면 흙으로 돌아간다는 표현이 있는 것처럼 실제로 사람의 몸을 화학적으로 분석한 자료를 보면 다음과 같다.

70퍼센트의 물(산소와 수소), 18퍼센트의 탄소, 4퍼센트의 질소, 2퍼센트의 칼슘, 2퍼센트의 인, 1퍼센트의 칼륨, 0.5퍼센트의 나트

륨, 0.4퍼센트의 염소, 그리고 황, 카리, 마그네슘, 아연, 망간, 구리, 요오드, 니켈, 브롬, 불소, 규소, 코발트, 알루미늄, 몰리브덴, 바나듐, 납, 주석, 티탄, 붕소 등을 함유하고 있다.

실제로 흙의 성분은 산소(O), 수소(H), 탄소(C), 인(P), 칼륨(K), 마그네슘(Mg), 질소(N), 철(Fe), 칼슘(Ca) 외 10여 종의 원소로 구성되어 있다.

그러므로 사람이 죽으면 흙으로 돌아간다는 말이 맞는 것이다.

이처럼 사람의 육체가 흙으로 지어졌다면?

사람의 영혼의 출처는 어디인가?

사람의 '혼'은 히브리어로 네페쉬(נפש)라고 하는데 이 단어의 다른 뜻은 '숨', '호흡', '생기', '생명', '영혼', '목숨' 등으로 번역된다.

그렇다면 사람의 혼(네페쉬)은 어디서 온 것인가?

창세기 2장 7절을 보면 하나님께서 최초의 인간 아담을 지으실 때 흙으로 빚는 아담의 코에다가 호흡(네페쉬)을 불어넣으셨다고 한다.

내용을 순서대로 이해해 보면 하나님의 호흡(네샤마, נשמה)이 사람에게 들어감으로 사람의 혼(네페쉬)으로 바뀌었다는 말이다. '네샤마' 또는 '네페쉬는' '혼', '영', '생기', '생명', '정신' 등의 의미를 가진다. 인간 속에 선량한 마음을 '양심'이라고 할 때 이 양심은 하나님에게서 온 것이라고 할 수 있다. 그러므로 지극히 양심적인 사람은 신적 속성, 또는 신의 성품으로 충만한 사람이라는 결론이 된다.

열왕기상 17장 21절에 아이가 죽었을 때 '혼'이 빠져 나간 것으로 기록하고 있다.

> 그 아이 위에 몸을 세 번 펴서 엎드리고 여호와께 부르짖어 이르되 내 하나님 여호와여 원하건대 이 아이의 혼으로 그의 몸에 돌아오게 하옵소서 여호와께서 엘리야의 소리를 들으시므로 그 아이의 혼이 몸으로 돌아오고 살아난지라 (왕상 17:21-22).

'죽음'이란 혼이 빠져 나간 것이고 '소생'(되살아남)이란 혼이 다시 돌아왔다는 현상이다.
그렇다면 기독교 신학에서 말하는 죽음은 무엇인가?
크게 두 가지로 분류한다.

(1) 영적 죽음

여기서 말하는 영적 죽음은 일반 독자들은 이해하기 힘든 부분이다. 신학에서 정의하는 내용은 "영혼이 하나님과 단절된 상태"를 가리켜 영적 죽음이라는 것이다.

죽은 자는 말이 없고, 움직임도 없다. 마찬가지로 우리의 영적 죽음의 상태도 이와 비슷하다.

우리 곁에 하나님이 계신데도 인식하지 못한다면 내가 죽은 것인가, 하나님이 안 계신 것인가?

이처럼 하나님을 인식하지도, 느끼지도 못하는 영적 죽음의 상태에서 다시 살아날 수 있을까?

물론이다. 성경에는 "영혼의 소생"이란 단어가 많이 등장한다.

대표적으로 시편 23편은 세계적으로 유명한 내용이다.

"여호와는 나의 목자시니 내가 부족함이 없으리로다"(The LORD is my shepherd, I shall not be in want …")로 시작되는 시편 23편의 3절에는 이런 내용이 있다.

> 내 영혼을 소생시키시고 자기 이름을 위하여 의의 길로 인도하시는도다 (시 23:3).

여기서 '소생'이라는 단어는 히브리어로 '슈브'(שוב)라고 하는데 '슈브'의 뜻은 '돌이키다', '돌아서다', '회복하다'이다. "영혼의 소생" 이란 말은 '영혼이 돌아서다'라는 말과 같은 말이다.

그렇다면 영혼의 상태가 어떤 상태에서 돌아서야 한다는 말인가?

그것은 우리의 창조주시며, 우리를 지은 분(조물주)이신 하나님께로 돌이킨다는 뜻이다. 그러므로 다시 정리 하자면 '영적 죽음'은 하나님과의 관계가 단절된, 즉 떠나 있는 상태를 가리킨다는 말이다.

영혼의 존재 특성에 대해 흔히 이런 표현을 많이 쓴다.

"물고기가 물을 떠나 살수 없는 것처럼 우리 인간은 하나님을 떠나서는 살 수가 없다."

"해바라기가 해를 바라보며 사는 것같이 우리도 하나님을 바라보고 살아야 한다.".

사실 해바라기 중에 낮에 해를 보지 않고 고개를 숙이고 있는 해바라기는 병들었거나 죽은 해바라기인 것처럼, 우리의 영혼이 힘을 잃고 기진맥진한 사람은 하나님을 모르는 자, 하나님을 떠난 자 인 것이다.

그러므로 영혼이 사는 길은 생명의 주가 되신 하나님과의 관계를 회복하는 것이고, 하나님께로 "돌아오는 것"이라고 설명할 수 있다.

불신자들이 예수님을 믿고 깊은 기도에 들어가면서 대성통곡하는 장면을 많이 본다. 이전에는 인식하지도 못한 하나님의 존재를 인식하면서 나타나는 영적 소생의 과정이라고 이해할 수 있다.

예를 들어, 전쟁 통에 태어나면서부터 고아가 된 아이가 수십 년 후에 자신을 낳아 주신 부모님을 만날 때의 기분이라고 설명하면 이해가 쉽겠다.

평생에 하나님이란 존재가 나와는 상관없는 존재로 알았다가 교회에 나오면서 하나님이 우리 모두의 아버지가 되신다는 말을 듣고 '긴가 민가' 하다가 실제로 하나님이라는 영적 존재와 대면 할 때의 반응은 영적으로 '이산 가족 상봉'의 모습과 다를 바 없다는 이야기이다.

우리의 영혼은 우리의 영혼과 육체를 지으신 하나님을 만날 때 구체적이고 실제적으로 살아난다는 것이다.

예를 들어, 지존파라는 범죄 집단에 속한 이들이 사람으로서는 차마 할 수 없는 극도로 잔인한 범죄를 저지르다가 감옥에 들어가 사형 집행을 기다리는 동안 죽음의 세계, 그리고 자신들의 영혼의 존재를 인식하면서 하나님이라는 절대자를 인식했을 때에는 어느 누구도 예측 못할 정도의 선한 성품으로 회복되었고 사형 집행의 마지막 죽음의 순간까지 눈물로 참회하였다고 하지 않는가?

이러한 일들이 영적 소생의 실제인 것이다.

(2) 육적 죽음(육체적 죽음, 영혼이 몸을 빠져 나간 상태)

우리가 일반적으로 말하는 죽음은 모두 육체적 죽음을 말하는 것이다.

그렇다면 왜 인간은 숙명적으로 죽어야 할까?

기독교에서는 죽음의 출발이 인류의 조상 아담의 '죄'라고 정의한다. 아담과 하와의 죄로부터 시작된 죽음은 인류의 마지막 때인 지금까지 계속되고 있다. 아담만이 죄를 범한 것이 아니라 세상의 모든 사람이 죄를 범하고 있고, 태어나기도 전 태중의 아이에게도 아담의 원죄와 부모를 비롯한 조상들이 가졌던 '죄의 본성'은 유전되고 있는 것이다.

그리고 기독교에서는 개개인의 삶과 죽음을 결정하는 분이 '하나님'이라고 한다. 그리고 인간의 죽음에 직접적으로 관여하는 자가 '사탄'이라고 한다.

구약성경 욥기를 보면 욥의 열 자녀를 죽인 자는 사탄이라는 것을 알 수 있다. 그래서 사탄을 가리켜 히브리서 2장 14절에는 "죽음의 세력을 잡은 자"(죽음의 신)라고 했고, 요한계시록에는 마지막 때 예수님의 재림 시에 사탄을 멸한다고 되어 있다. 요한계시록 21장을 보면 그 이후로는 슬퍼서 우는 일이 없을 것이라고 하며 병드는 일도 없고 "죽음도 없다"고 기록되어 있다.

요한복음 10장 10절에 "도둑이 오는 것은 도둑질하고 죽이고 멸망시키려는 것 뿐이요"라고 했는데 여기서 말하는 도둑은 사람을 죽이는 영적 강도이며 킬러인 사탄이라는 뜻이고, 이 사탄이 결박되었을 때는 더 이상 사람들이 병드는 것도 없고 죽는 일도 없다는 표현이다.

예수께서 이르시되 나는 부활이요 생명이니 나를 믿는 자는 죽어도 살겠고 무릇 살아서 나를 믿는 자는 영원히 죽지 아니하리니(요 11:25-26).

예수님을 믿는 자의 육체는 죽었다가도 다시 살 수 있고 우리의 영혼은 영원히 죽지 않는 불멸의 존재가 된다는 말씀이다. 그래서 기독교인들에게는 육체적 부활에 대한 열망이 특별하다.

그러므로 그 부활을 위해서는 육체가 온전한 모습으로 보존되어야 한다고 믿었다. 창세기의 '요셉'은 자신의 유골을 이스라엘 땅에 묻어 달라고 유언한다. 이것은 부활에 대한 소망이 있다는 증거이다.

사실 지금처럼 과학이 발전하고 지식 수준이 향상된 사회에서는 매장이나 화장 등 장례절차나 방식에 구애받지 않는다.

어차피 무에서 유를 창조하시는 하나님의 전능하신 능력은 매장 후 썩어서 흙으로 돌아간 육체를 다시 살리실 수도 있고, 불에 태워져서 공기 중에 흩어져 버린 성도들의 육체도 이전보다도 더욱 완벽한 부활체로 살려 내실 수 있기 때문이다.

그러므로 죽음이란 단어는 육체에 적용되는 단어이지 영혼에 적용되는 단어가 아니라는 것으로 이해된다. 우리가 죽었을 때 영혼은 하나님께로 돌아간다. 그러나 육체는 흙으로 돌아간다. 매장(埋葬)을 하거나 화장(火葬)을 하거나 모든 사람의 육체는 이전보다도 더 완전한 육체로 부활하게 된다는 말이다. 이렇게 부활한 육체를 가리켜 부활체(復活體)라고 한다.

성경에만 나오는 특별한 표현 하나가 있는데 그것은 다름이 아니라 "잠"이라는 표현이다. 예수님은 나사로가 죽었을 때 "죽었다"가 아니라 "잔다"고 표현하셨다.

어차피 모든 인간은 부활의 때에 다시 살아나기 때문에 '죽음', '소멸'이라는 단어보다 '잠'이라는 표현이 옳은 것이다. 의인은 천국에서의 영생을 위하여 부활하고, 악인은 지옥에서의 심판을 위하여 부활하게 되니 말이다.

 지금까지 살펴 본 전체 내용은 대부분 기독교, 즉 개신교(신교)와 천주교(구교)가 동일하게 이해하고 있는 부분이다.

2) 천주교의 죽음 이해

 덧붙여서 유일하게 천주교에서 이해하는 부분들을 살펴보면 다음과 같다.

(1) 파스카(pascha) 신비 이해

 제2차 바티칸 공의회 이후 천주교 안에서 자주 쓰이는 표현 중 하나가 바로 "파스카 신비"이다. 원래 이 말은 '페사흐'(פסח) 즉, 유대인들이 지금도 지키는 유월절에서 유래한 말이다. 그 뜻은 '넘어가다', '지나가다', '건너뛰다'라는 의미인데 영어로는 Pass over라고 번역한다.

 천주교에서 파스카 신비를 중시하는 이유는 성사, 특히 세례성사와 성체성사의 죽음과 부활 안에서 진정한 의미를 발견하기 때문이다.

 제2차 바티칸 공의회 이전의 전례에서는 예수님의 수난, 죽음, 부활, 승천을 별개의 사건으로 생각하는 경향이 컸다. 하지만 공의회 이후에는 예수님의 수난-죽음-부활-승천을 통한 구원 역사(役事)를 "파스카 신비"라고 명명하게 되었고 오늘날 더욱 강조하게 된 것이다.

 유대인들의 축제인 유월절(과월절)이란 이스라엘 백성이 이집트에서 해방되어 나올 때, 이집트의 사람이나 가축들 중에 처음 태어난 초태생들은 하룻밤 새 모두 죽음을 당한 반면, 이스라엘 백성들은 모세가 지시하는 대로 어린양을 잡고 그 피를 문설주에 바름으로써 죽음을 피할 수 있었다.

이처럼 살아남은 일을 기념하며 유대인들은 유월절 축제를 지켜오고 있다. 이것이 신약으로 넘어오면서 예수님을 통한 인류의 구원 사건으로 이어졌고, 자신을 희생하여 생명을 가져다주신 예수님은 새로운 파스카 신비 속의 어린양이 되신 것이다.

'신비'라는 말에는 세 가지 뜻이 담겨 있다.

첫째, 하나님의 창조와 구원 계획을 의미한다.
예수 그리스도를 통하여 우리에게 알려진 신비이다.
둘째, 진리를 의미한다.
인간의 이성으로 이해할 수 없는 성경적 진리를 말한다.
셋째, 7성사를 통하여 활동하시는 그리스도의 은총과 그 열매를 의미한다.
세례, 견진, 성체, 고해, 병자, 성품, 혼인 성사 속에서 하나님의 뜻을 발견할 수 있는 신비가 있다는 것이다.

그러므로 파스카의 신비는 단순한 인간이성으로는 도저히 깨달을 수 없는 사건이다. 오직 믿음과 신뢰심으로만 깨닫고 받아들일 수 있는 것이며, 오직 삼위일체 하나님의 사랑으로 귀결되는 것이다.

(2) 고성소(limbo) 개념

역사적으로 고성소라는 신학적 개념이 있었다. 림보(limbo)라고도 불리는 개념이다.

『두산백과사전』에 정리된 사전적 개념을 보면 다음과 같다.

가톨릭교회에서 제시된 '고성소'는 두 가지 종류가 있는데, 예수 그리스도와 그 복음이 전해지기 이전(그러니까 복음을 접할 기회 자체가 없었던 이들)의 의로운 사람들이 편하게 머무는 고성소가 있고, 세례받지 못하고 죽은 유아나 영아들이 가는 유아 림보가 있었다.

고성소 자체는 교리로 정리된 것은 아니지만 가톨릭 신학자나 가톨릭 교인에게 익숙한 생각이었다. 이중 유아 림보설은 세례를 받지 못한 아기가 어떠한 불상사로 죽더라도 결국 그건 자기 탓이 아니므로 당연히 천국에 갈 수 있다고 보는 사람들이 많다.

단테 알리기에리의 『신곡』은 가톨릭 세계관을 일부분 포함하고 있는데 신곡에서는 고성소(limbus, 튜튼족의 말 림보[limbo]에서 유래한다)에 선량하게 살았던 사람들이 머무르고 있다고 기록한다.

죽은 사람들 중 그 영혼이 천국이나 지옥 또는 연옥 그 어디에도 가지 못한 사람들이 머무르는 장소이며 가톨릭 신학에서 이미 죽은 사람들이 지복직관(至福直觀)에 완전히 들지는 못하였지만 벌을 받고 있지는 않은 상태에서 머무르는 곳을 말한다.

고성소는 두 종류로 나누어진다. 그리스도가 강생하여 이 세상을 구원할 때까지 구약의 조상들이 기다리던 곳과 명오(明悟)가 열리지 않은 상태에서 세례를 받지 못하고 죽은 어린이들이 머무르는 곳이다.

메시아를 기다리던 구약의 조상들은 그리스도를 통하여 구원을 받았다고 보았기 때문에 문제가 없다.

그러나 세례를 받지 않고 죽은 어린이의 경우, 이들이 이성(理性)을 사용하여 죄를 지은 일이 없지만, 세례를 통한 은총을 받지 못했으므로 완전한 구원에 이르지 못한다는 데 문제가 있다.

"물과 성령으로 거듭나지 않으면 하나님 나라에 들어갈 수 없다"는 요한복음의 기록대로, 세례를 통한 은총은 다른 무엇으로도 대체할 수 없을 만큼 중요하기 때문이다.

'고성소'라고 번역된 라틴어 inferi, inferna는 문자 그대로 '지옥', '저승', '명부', '사계'(死界)라는 의미로 히브리어의 '스올'(Sheol)이나 그리스어의 '하데스'(Hades)를 뜻한다. 이 용어는 원래 죽음을 넘어선 경지를 표현한 것이다.

언제부터 이 용어가 내세의 영혼 상태를 가리키는 데 사용되었는지는 확실하지 않다. 분명한 사실은 토마스 아퀴나스 이후 이 용어가 널리 쓰이기 시작했다는 점이다.

토마스 아퀴나스와 스콜라 신학자들은 세례를 받지 못하고 죽은 어린이들이 천국본향(本鄕)에 가지 못한 실향의 아픔과 슬픔을 겪을 뿐 자연 상태에서는 최고로 행복한 경지에 머무른다고 보았다.

가톨릭교회에서도 고성소의 존재에 대하여 명확히 정의를 내린 적은 없다. 아직까지도 신학상의 문제로 남아 있는 상태이다.

1958년 교황청의 권고(AAS 50)는 신중한 태도를 잘 드러내고 있는데, 불확실한 구원을 고려해 어린이에게도 되도록 빨리 세례를 베풀라고 권면하고 있다.

3) 이슬람교의 죽음 이해

네이버와 같은 지식 공유 채널을 통해 수집한 이슬람교의 죽음과 내세관에 대해서 논하려 한다.

이슬람은 우리 인간의 삶이 수태되면서 시작한다고 가르친다. 물론 그것은 하나님의 의지에 의해서이다.

이 탄생의 순간부터 우리 인간은 아랍어로 살아 있는 상태를 의미하는 '하야'(hayah), 즉 삶을 살아가는 축복을 얻는데, 육체의 소멸을 뜻하는 죽음이 찾아와도 우리의 영혼은 무덤에서 계속 삶을 유지하고, 그 후 심판의 날을 맞을 때 다시 육체를 하나님으로부터 부활 받고서 우리의 영육은 그 뒤 영원히 사는 내세의 삶을 살게 된다고 말한다.

이같이 이슬람 전통에서는 우리 인간은 우리의 영혼이자 궁에서 살로 조직되어 가는 육체와 결합되는 순간부터 시작하여, 천국 또는 지옥에 들어가는 우리 삶의 마지막 단계까지 4단계가 있다고 가르치는데 모태에서의 삶, 현세에서의 삶, 무덤에서의 삶, 내세(천국또는지옥)에서의 삶이라는 인생 4단계의 길을 걷는다고 가르친다.

그렇다면 이슬람의 내세관은 어떠한가?

이슬람교의 경전에는 사람이 죽으면 그의 영혼은 알라에게로 간다고 가르친다.

> 죽음에 이른 인간의 영혼을 받으며 영혼을 받는 분은 알라이시며 기한이 된 영혼을 지키는 분도 알라이시라(수라 39:42).

이슬람교에서도 기독교의 사후심판과 같은 심판이 있다고 가르치며 심판 때까지는 '라르자흐'라는 장벽 즉, 대기 장소에 머무른다고 믿는다(수라 23:99-100). 이슬람교에서 죽은 자들의 영혼이 가는 곳은 낙원(천국)과 지옥이다.

(1) 의인들에게는 하늘의 동산 '낙원'이 약속되어 있다고 한다

> 그러나 믿음을 찾고 선행을 하는 자, 우리는 그들을 동산에 들게 하리니 강이 흐르는 그곳에서 영생케 하리라(수라 4:57).

> 실로 그날 낙원에 거주하는 이들은 그들이 행한 모든 것으로 크게 기뻐하리라. 그들은 그들의 아내들과 시원한 그늘에서 장식된 침상에 기대리라(수라 36:55, 56).

(2) 악한 사람이 가는 곳은 지옥이다

> '심판의 날이 언제 오느뇨?'라고 물으매 '그들이 불지옥에 들어가 태워지는 날'이라 '이 벌을 맛보라 너희가 서둘러 재촉했던 것 이니라' 하더라(수라 51:12-14).

> 그들[죄인들]은 현세에서도 벌을 받을 뿐만 아니라 내세에서의 벌은 더욱 고통스러우며 알라께 대항하여 보호할 자가 아무도 없느니라(수라 13:34).

불지옥의 함정이 무엇인지 무엇이 그대에게 설명하여 주리요. 그것은 격렬하게 타오르는 불지옥이라(수라 101:10, 11).

우리의 계시를 불신하는 자들을 화염 속으로 들게 하며 그들의 피부가 불에 익어 다른 피부로 변하니 그들은 고통을 맛보더라. 실로 알라는 권능과 지혜로 충만하심이라(수라 4:56).

지옥은 기다리고 있으니… 그들은 그곳에서 영주하도다. 그들은 그곳에서 시원함도 맛보지 못할 것이며 마실 음료수도 없으며 오직 끓어오르는 액체와 검고 어두운 혹독한 액체뿐이니라(수라 78:21, 23-25).

(3) 부활에 대한 말씀도 있다

부활의 날을 두고 맹세하사… 인간은 우리가 그의 뼈들을 모을 수 없다고 생각하느뇨?… '부활의 날이 언제이뇨?'라고 묻더라. … 그러한 능력을 가진 그분[알라]이 죽은 자를 살게 할 수 없단 말이뇨?(수라 75:1, 3, 6, 40).

4) 불교의 죽음 이해

불교에서 이해하는 인간의 죽음은 윤회의 과정으로 이해된다. 그러므로 불자들에게 사람의 죽음과 함께 진행되는 49재는 중요한 의미를 가진다.

49재는 6세기경 중국에서 생겨난 의식으로 유교적 조령숭배(祖靈崇拜) 사상과 불교의 윤회(輪廻) 사상이 절충된 것이라고 여겨진다. 불교인들이 이해하기로는 칠칠제(七七祭)라고도 부르는 이 기간에 죽은 자는 49일 동안 이승과 저승 사이에서 지낸다고 한다. 이때를 가리켜 '중음계'라고 하며 영어로는 The Astral plane이라고 한다.

죽은 사람은 이 기간, 즉 49일 동안 7번의 심판을 받는데 7일마다 염라대왕을 비롯하여 각 대왕들 앞에서 심판을 받는다고 한다.

그래서 스님들은 이 때에 죽은 영혼을 극락으로 보내는 천도재(천도재)인 49재를 지내며 이 제사를 통해 고인의 죄가 감소된다고 믿는데 49재를 지내는 가족들의 최고의 바람은 인간으로 다시 환생하는 것이라고 한다.

7번의 심판을 잘 통과한 사람은 다시 사람으로 환생할 수 있다고 믿기 때문에 가족들은 망자를 위한 49재에 시간과 물질 등을 정성을 다해 드리는 것이다.

불교에서는 사람이 죽은 뒤 7일마다 제의(祭儀)를 행하여 초재, 2재, 3재, 4재, 5재, 6재, 일곱 번째는 막재라 하여 49일이 될 때까지 일주일에 한 번씩 7재일까지의 제사를 드리는 것을 49재라고 한다.

불교에서 말하는 '육도'(六道)의 개념은 다음과 같다.

모든 중생은 육도, 즉 천상(天上), 인간(人間), 축생(畜生), 아수라(阿修羅), 아귀(餓鬼), 지옥도(地獄道) 등 여섯 세계를 윤회하고 있으므로 죽은 가족이 이 중 이른바 삼악도(三惡道; 지옥도, 아귀도, 축생도)에 들어가지 않도록 하기 위하여 비는 기도 행위가 49재라는 것이다(두산백과사전).

불교의 49제나 육도를 사상적 배경으로 하고 있고, 『불설수생경』이라는 불경에 담긴 내용을 영화화 한 영화가 〈신과 함께〉이다.

사후의 영이 일곱 번에 걸쳐 신 앞에서 거짓, 나태, 불의, 배신, 폭력, 살인, 천륜에 대한 죄를 심판받고 이 심판을 모두 통과한 사람이 환생한다는 내용이다.

이 외에도 불교에서는 망자를 위한 '수륙제'(水陸濟)라는 의식을 통해 망자의 영혼을 위로한다. 그리고 임종 준비(Well-dying)를 위한 '생전예수제'(生前預修齋)를 통해 자신의 사후를 준비하게 한다.

이러한 면을 볼 때에 불교에서도 죽음이 끝이 아니라 또 다른 삶으로 이어지는 과정으로 이해하고 있다는 것이다.

필자가 마음으로 존경하는 스님이 계신데 그분은 바로 성철 스님이다. 성철 스님이 존경스러운 부분은 그의 정직함이다.

성철 스님의 임종 전 유언이라고 알려진 법문의 내용을 살펴보면 다음과 같다.

生平欺狂男女群(생평기광남녀군): 일생동안 미친 남녀의 무리를 속여서
彌天罪業過須彌(미천죄업과수미): 수미산을 덮은 죄업이 하늘을 가득 채웠다.
活陷阿鼻恨萬端(활암아비한만단): 산 채로 아비지옥에 떨어져 한이 만갈래나 된다.
一輪吐紅掛碧山(일륜토홍괘벽산): 한 송이 꽃이 붉음을 내뿜으며 푸른 산에 걸렸도다.

특히, 스님들이 재수불공을 드리거나 49재를 지내는 것에 대해서도 불호령을 내리고 형식에 치우치거나 물질에 대한 탐욕이 엿보일 때는 어느 누구라도 책망하며 호령하던 그였지만 자신의 죽음 앞에서 누구보다도 정직한 마음을 그대로 표현하신 분이었다.

3. 다스칼로스가 말하는 죽음

지중해의 섬인 키프로스(Cypros)에서 출생한 다스칼로스(Daskalos, 1912-1995)는 기독교인이었지만 인간의 윤회를 믿었던 사람이다.

리암 니슨이 주연한 〈에프트 라이프〉라는 영화는 다스칼로스의 주장에 근거하여 만들어진 영화이다.

다스칼로스는 한때 거의 매일 죽은 아내가 남겨 놓은 영상을 보며 아내를 그리워하다가 자신도 자살하려는 충동을 몇 번이나 느끼지만 강아지가 배고파하는 시늉을 하자 강아지 밥을 주어야 한다는 이유로 자살을 포기하기로 한다.

서점에서 만날 수 있는 『지중해의 성자 다스칼로스』라는 책은 다스칼로스의 제자 키리아코스 C. 마르키데스가 다스칼로스에 대해 쓴 책이다. 의심 많은 사회학자인 마르키데스는 우연히 신비가인 다스칼로스를 만나게 되고 그의 기적적인 일상과 가르침을 기록하여 책으로 출판하게 된다. 마르키데스의 책을 통해 발견하는 다스칼로스는 정신 세계와 죽음의 세계까지 일반인들이 근접하기 어려운 영역을 이해하고 있었다.

다스칼로스는 사람들을 순식간에 치유하고, 유체이탈을 할 수 있으며 윤회와 전생, 천사와 악마, 우주의 비밀 등을 알고 있는 깨달은 사람 즉, 현자로 등장한다.

그리고 다스칼로스가 불치병 환자들을 치유하는 장면을 아주 상세하게 묘사하고 있다. 다스칼로스가 척추가 심하게 삐뚤어진 여인을 치료할 때의 과정을 보면 일반 의사들의 병 고침의 과정과는 확연하게 차이가 난다.

의사들은 그녀에게 방법이 없으니 그냥 고통을 참고 살라고 말했던 반면 다스칼로스는 손으로 여인의 등을 부드럽게 두드리며 오르내리고 마사지하자 여인의 척추가 부드럽고 연해졌고, 그 후에 그는 부드러워진 뼈들을 제자리에 맞춘 다음 다시 굳어지도록 했다. 환자는 눈 깜짝할 새에 허리의 통증이 사라지고 다시 서서 걸을 수 있게 되었다.

다스칼로스는 그 사람의 오라를 보고 생명력이 결핍된 부분(아픈 부분)에 에테르 생명력을 불어넣는다고 했다. 이 에테르란 동양에서 흔히 말하는 기와 마찬가지인데 그의 몸속에 있는 에테르가 아니라 우주에 있는 에테르를 성령을 통하여 환자의 몸에 불어넣는다고 했다.

그래서 그는 중개자 역할을 하는 것이며 그의 에테르의 생명력은 고갈되지 않는다. 그가 원한다면 하루에 수십 명도 치료할 수 있다는 것이다. 그는 치료의 대가는 절대로 받지 않았다고 한다. 이런 부분은 사이비와 성자의 가장 큰 차이점일 것이다.

자신이 어떤 대가를 목적으로 치유했다면 인과응보의 법칙에 따라 처벌받을 것이며 자신의 능력이 사라질지도 모른다고 언급했다. 물론 그런 적은 없었지만 ….

다스칼로스는 모든 사람을 치료할 수는 없다고 했다. '카르마'(업, 業)로 인해서 고통받는 환자는 어렵다고 했다.

다스칼로스는 단순히 에테르를 불어넣어서 치료하는 것만은 아니라고 했다. 그는 사람들을 치유하기 위해서 인체의 해부학 구조를 꿰뚫고 있으며 책 후반 부에 보면 DNA의 구조에 대해서 언급하는 부분도 있다. 단순히 에테르만 가지고서는 근본적인 치유를 할 수 없고 끊임 없이 공부해야 한다고 했다.

다스칼로스가 아카식 레코드에서 그 사람을 치유하기 위해 정보를 읽어 온다고 한 부분에서 작가는 의문이 들었다고 한다. 그냥 아카식 레코드에 접속하면 모든 정보를 알 수 있는데 굳이 인체해부학을 공부할 필요가 있는지 물었다. 다스칼로스는 아카식 레코드도 아는 정보가 있어야지만 들어볼 수 있다고 대답했다. 방대한 우주 정보의 바다에서 뭔가를 찾기 위해서 지식이 있어야 한다는 것이다. 치유자가 될 수 있는 방법은 특별한 명상법을 익히는 것이라고 한다.

카르마에 관해 다소 충격적인 내용이 있었다. 나는 카르마는 반드시 스스로 갚아야 하는 줄로만 알고 있었다. 그런데 책에서 다스칼로스는 다른 사람의 카르마를 업기도 했다. 즉, 그 사람의 카르마를 대신 갚기까지 한다는 것이다.

그의 조카가 아들을 낳았는데 선천적으로 기형이었다. 두 다리가 가슴에 붙어 있었다. 다스칼로스는 그 아이의 불구가 전생에 죄를 많이 지은 카르마임을 알아챘다.

그는 그 불쌍한 아이의 카르마를 대신 짊어졌다. 그는 먼저 아이의 다리를 천천히 떼서 붕대를 감아 치료해 주었다.

육신은 그에 대응되는 에테르 복체 없이는 스스로를 지탱하지 못한다고 말한다.

그러므로 죽음이라고 하는 것은 육신으로부터 에테르 복체가 환원되는 것을 의미한다. 일반적으로 사망한 사람의 에테르 복체가 환원되는 데는 40일 정도가 걸린다. 우리 교회에서 죽은 사람의 무덤에 촛불을 40일 동안 계속 밝혀 놓는 것은 바로 이러한 연유에서이다. 불은 에테르 복체가 환원되는 과정을 촉진시켜 준다.

보통 사람은 죽음이란 두렵고 고통스러운 경험이라고 생각한다. 그러나 실제로는 그와 정반대이다. 죽음의 과정은 하루 일에 지쳐서 곤히 잠드는 것과 다를 것이 없다. 심한 병에 시달리던 사람이라도 죽는 순간에는 아무런 고통도 느끼지 못한다.

어떤 위대한 신비주의자는 이렇게 말했다.

> 저승사자의 입맞춤보다 더 달콤한 키스를 인간은 맛본 적이 없으리라.

나는 이것을 개인적인 체험을 통해서 알고 있다. 사람이 육신을 포기하는 순간부터 그의 얼굴에는 맑은 정적이 떠오른다. 그리고 그는 더 이상 고통을 느끼지 않게 된다(『지중해의 성자 다스칼로스 1권』 중에서).

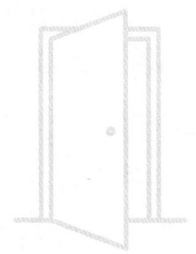

제2장

나의 체험 사례

1. 죽음 앞에서의 신앙고백

1) 아버지는 버려도 하나님은 못 버립니다!

15세 때 나는 인생에서 가장 암울한 시기를 지나고 있었다. 중 2였던 14세 때부터 아버지는 내게 매를 들기 시작하셨다. 물론 가장 첫 번째 이유는 공부를 안 하고 교회에 다닌다는 이유에서였다. 나중에야 이해하게 되었지만 아버지는 우리 5남매 중에 내게 기대가 가장 크셨던 것 같다.

어릴 때 두 살 위의 형을 홍역으로 잃으시고 난 후 나도 잃을까 하는 염려 때문에 특별히 나의 건강 유지를 위해 신경을 써 주셨던 것 같다. 그것이 나에 대한 관심과 기대가 다른 형제들보다 컷던 이유였다고 생각한다.

공사현장에서 일하시던 아버지는 오후 시간이면 거의 매일 새참으로 나오는 막걸리를 드셨고, 일을 마치시고는 동료들과 소주 한두 잔씩을 더 드시고 퇴근하다 보니 거의 매일 술기운을 의지해 집에 들어오셨다.

아버지가 대문을 열고 집으로 들어오시면서 하시던 말씀은 거의 매일 꼭 같은 말씀을 하셨다.

"이 새끼 있나?"

"이 새끼"라 함은 나를 가리키는 말이다.

세 명의 동생들은 사춘기까지도 조용히 지냈던 것 같은데 나는 사실 유난히 별난 아들이었다.

중2때 중고등부 수련회에서 방언 은사를 받았고 하나님의 은혜를 뜨겁게 경험한 이후이기에 거의 매일 교회로 달려가곤 했었다.

아버지가 가장 기대하던 자식이기에 열심히 공부해서 미래를 준비하는 모습을 보여 드렸으면 좋았을 뻔했지만 나는 교회에 가서 친구들과 만나고 주보를 등사(인쇄)하고 찬양을 부르고 기도하는 일이 그 어떤 일보다 즐거웠다.

아버지는 자신이 기대했던 둘째 아들이 교회에 미쳐 가는 모습을 보고 견디다 못해 매를 들기 시작하신 것이다. 도끼를 들고 와서는 교회의 문을 부숴 버리려고까지 하셨으니 말이다.

그러다가 중 3이 되자 아버지의 마음은 더더욱 조급해지셨던 것 같다. 곧 고등학교 진학 시험을 치러야 하는 자식 놈이 공부는 안 하고 교회에 미쳐 있었으니 말이다.

아버지는 집에만 들어오시면 입버릇처럼 나를 찾았고 내가 교회에 갔다고 하면 동생들을 보내 나를 찾아오라고 역정을 내셨다. 내가 동생들에게 불려서 집에 가거나 아버지에게 붙잡혀 집으로 가게 되면 여지없이 종아리를 걷고 매를 맞아야 했다.

다루끼라고 불리는 막대기로 맞을 때는 엉덩이를 두들겨 맞아야 했는데 나로 인해 부러진 다루끼의 수는 헤아릴 수도 없을 것이다. 옷감을 잴 때 쓰는 1미터 쯤 되는 대나무 자로 맞을 때는 종아리로 맞아야 했다.

 날이면 날마다 매를 맞다 보니 나중에는 아버지에 대한 적대감이 커져 가고 있었고, 자신의 뜻을 따르지 않는 나에 대한 아버지의 감정도 점점 더 극에 달해 가고 있었다.

 언젠가 종아리를 걷고 의자 위에 올라서서 매를 맞을 때의 일이다.

 아버지는 긴 대나무 자를 손에 드시고는 나를 향해 하나, 둘, 헤아리라고 하신다. 휘이익 바람을 가르는 소리와 함께 '딱!' 하는 소리가 들려올 때 종아리에 불이 번쩍 일어났다.

 '하나!'라고 외쳐야 하는 순간 나도 모르게 '주여!'라는 말이 터져 나왔다.

 이 말을 들으신 아버지는 "뭐라? 주여?" 하시면서 얼굴이 벌겋게 상기되셨고 사정없이 매를 휘두르셨다. 나는 오기가 나서 더 크게 "주여~"를 외쳤다.

 딱! 딱! 하던 소리가 어느 순간부터 따닥! 따다닥! 하는 소리로 변해 가고 있었다. 수십 대의 매를 맞는 동안 대나무 자가 깨져서 두세 가닥으로 갈라졌던 것이다.

 그러다가 어느 순간 종아리에서 시원한 느낌이 들어 내려다 보니 종아리가 깨진 대나무 자에 의해 찢어져 버린 것이었다. 검붉은 피가 흘러내리는 데도 느낌은 시원하고 좋았던 것으로 기억된다. 아버지도 그때야 비로소 놀라신 듯 매를 분지르고 큰방으로 가버리셨다.

 나는 서서 걸을 수가 없어서 무릎으로 엉금엉금 기어서 교회로 갔고 교회의 마루바닥에 엎드려 복받쳐 오르는 서러움에 엉엉 울며 하나님을 부르며 아버지의 악행(?)을 고해 바쳤던 기억이 있다.

그런데 이것은 그다지 큰 사건이 아니었다.

아버지와의 기 싸움이 계속되던 어느 날이었다.

그날은 아버지가 술을 한 방울도 드시지 않은 채 집으로 오신 듯했다. 집에 들어오시자마자 아버지는 부엌으로 가셨고 시꺼먼 부엌칼을 손에 들고 방으로 들어오셨다. 평소와는 다른 심상치 않은 분위기였다.

그리고는 나를 비롯해 우리 여섯 식구를 한자리에 모았다. 아버지는 매서운 눈초리로 나를 노려보시더니 손에 들고 있던 칼을 방바닥에 내리 꽂으시는 것이었다.

방바닥이 얇은 시멘트 미장으로 되어 있었고 그 밑으로는 흙과 구들장이 깔려 있었기에 가능할 수 있었겠지만 아버지의 결심이 그만큼 강하다는 것을 느낄 수 있었다.

아버지는 흥분하신 듯 나를 똑바로 노려보시며 입을 여셨다.

어머니를 가리키며 물으셨다.

"여기 이 사람이 니 엄마 맞나?"

"예!"

동생들을 가리키며 또 물으셨다.

"여기 이 아이들이 니 동생들 맞나?"

나는 "예!"라고 대답했다.

그러고 나서 아버지는 나를 똑바로 보시면서 말씀하셨다.

"내가 니 아버지냐 아니면 하나님이 니 아버지냐?"

전혀 예상 밖의 질문에 당황스러웠지만 조심스럽게 대답했다.

"아버지도 저의 아버지고 하나님도 저의 아버지십니다."

아버지는 예상했다는 듯이 이번에는 침착하게 말씀하신다.

"세상에 애비가 둘 있는 자식은 없다. 오늘 식구들 앞에서 분명히 말해라. 나를 버리든지 아니면 하나님을 버리든지 해라. 자 말해 봐라!"

나는 분위기가 왠지 심상치 않다는 판단이 들어 말을 쉽게 할 수가 없었다.

그래서 조심스럽게 말했다.

"아버지는 육신의 아버지고 하나님은 영혼의 아버지십니다."

이 말을 하기가 무섭게 아버지는 급기야 인내심과 평정심을 잃어 버리고 소리를 지르셨다.

"이 자슥이 내하고 말장난을 할라꼬 하냐?

야 이 개자슥아, 내가 니 아버지가 하나님이 니 아버지가?

둘 중에 하나는 버리란 말이다."

아버지가 방 가운데 꽂힌 부엌칼을 쳐다보시며 협박하듯이 소리치시는 것이었다.

처음 보는 광경에 어머니도 동생들도 숨을 죽인 채 조마조마한 마음으로 이 광경을 지켜보고 있었다.

당시 식구들 중에 나 혼자만 교회를 다녔기 때문에 어머니도 내 편이 아니었고, 온 집안 공포 분위기의 원인이 되는 나를 동생들도 이해하지 못했다.

아주 잠시 적막이 흘렀고 마지막이라며 나에게 굴복을 요구하는 아버지의 살기 어린 눈빛 아래서 나는 초긴장 상태에 있었다.

둘 중 하나는 버리란 어려운 결정을 요구하는 아버지 앞에서 적절한 해답을 찾지 못해 당황해하던 순간 갑자기 나의 아랫배로부터 목구멍으로 무엇인가 쑤욱 올라오는 듯하더니 전혀 생각지도 못한 말이 내 입에서 터져 나왔다.

"아버지는 버려도 하나님은 못 버립니다!"
단호한 소리로 외치고 있었다.
이 말을 하면서 한편으로는 두려웠지만 한편으로는 후련한 느낌이었다.
나의 말이 떨어지기가 무섭게 아버지는 "알았다 이 자슥아!" 하시며 순식간에 방바닥에 꽂아 두었던 칼을 뽑아서는 나를 향해 던지셨다.
내 곁을 아슬하게 스쳐간 칼은 벽에 맞고 튕겨져 방바닥으로 떨어졌고, 동생들은 일시에 "으악!" 소리를 질러댔다.
그 순간 미친 사람처럼 거친 숨을 몰아쉬며 벌떡 자리를 박차고 일어나신 아버지는 내 곁에 앉아 계시던 어머니의 얼굴을 사정없이 발로 걷어차셨고 어머니는 "어억!" 하며 얼굴을 감싸 쥐고 뒤로 나자빠지셨다.
순식간에 어머니의 얼굴은 피범벅이 되셨고 그렇게 쓰러지신 어머니를 아버지는 사정없이 무자비하게 밟고 때리셨다.
"니가 새끼를 이렇게 키워 놨냐?"
그리고 방에 있던 전기밥통과 라디오와 텔레비전까지 무엇이든지 닥치는 대로 던지고 부수셨다.
동생들의 비명 소리가 들려오고 어떻게 해야 할지 몰라 당황해하는 나를 향해 어머니는 무엇인가 손짓을 하시며 말씀하셨다.
"니 머하고 있노?"
빨리 도망치라는 뜻인 줄 깨닫는 순간 내 몸은 반사적으로 바깥을 향해 달리기 시작했다. 그리고 추운 겨울 날씨에 일주일을 집 가까운 공사장에서 떨며 지내야 했다.

나중에 안 일이지만 아버지는 그날 온 식구들과 함께 목숨을 끊으려는 무서운 생각을 하셨다는 이야기를 들었다.

아무튼 나의 의지로 한 말인지 아니면 내 안의 성령님께서 말하게 하셨는지는 몰라도 온 가족을 죽이고 자신도 스스로 목숨을 끊고 인생을 포기하려던 아버지의 분노의 칼날 앞에서 "아버지는 버려도 하나님은 못 버립니다!"라고 외쳤던 지난날의 이 한마디 고백은 그 자체만으로도 순교자의 반열에 올랐다는 느낌으로 지금까지 나에게 남아 있다.

15살 때 죽음의 위협 앞에서 내뱉은 이 한마디 고백을 들으신 하나님은 지금까지도 나를 흐뭇해하시고 기꺼이 나의 모든 삶에 동행하고 계신다.

2. 내가 경험한 죽음(18세)

내 나이 17세가 되었을 때 나는 점점 거칠어져 가고 있었다. 아버지의 폭력은 계속되고 있었고 야간고등학교에 합격했지만 아버지의 통제에서 벗어나고 싶어 입학을 포기했다.

목숨을 걸고서라도 믿음을 지키려고 몸부림 쳤지만 아버지의 끝없는 폭행으로 나의 인내심은 한계상황에 이르고 있었다.

상황을 변화시켜 주지 않는 하나님이 야속하였기에 하나님을 향한 불만의 표현으로 대부분의 날들을 불량한 친구들과 어울려 다니며 술과 담배, 그리고 유흥에 빠져 기약 없이 세월만 보내고 있었다. 내가 돈 벌어 공부하리라고 생각했지만 내 힘으로 돈을 벌기는 쉽지 않았다. 세월을 허비하며 불량한 친구들과 어울리며 희망 없이 살고 있었다.

1979년 9월 쯤으로 기억된다. 엄마가 시장에서 사 오신 토마토 2개를 먹었는데 갑자기 온 몸에 힘이 빠지며 정신이 아득해지는 것이었다.

엄마와 함께 찾아간 보건소에서는 30년 경력의 의사조차도 혈액과 소변검사 결과를 통해 나온 병균의 정체를 알 수가 없다고 했다. 증세는 장티푸스 같은데 균은 처음 보는 것이라고 했다.

부산에서 가장 큰 토성동의 부산대학병원에도 가 보았지만 그곳의 의사도 병명을 알 수가 없다고 했다.

"일단 입원부터 시켜 보세요 …"

의사가 말했지만 지금처럼 의료보험제도가 없던 그 시대에 쉽게 입원을 결정할 수가 없었다.

나는 의사의 말에 고민하고 계시는 어머니께 말씀드렸다.

"병원이나 의사가 병명조차도 알 수 없는 이 병은 오직 하나님만이 고칠 수 있는 병입니다."

어머니를 설득해 집으로 돌아와 작은방을 차지하고 누워 버렸다. 매일 한 줌씩이나 되는 약을 먹었지만 내 병은 조금도 차도가 없었다. 한여름 불볕 같은 더위 속에서도 도리어 방에 연탄불을 피워야 했고 두터운 겨울 이불을 덮어도 몸은 덜덜덜 떨리며 춥기만 했다.

1979년 9월부터 시작된 병은 해를 넘겨 1980년까지 이어졌다. 10개월 이상을 누워 살던 그 시기에 가장 큰 고통은 무엇보다도 반복되는 고열과 주기적으로 다가오는 깨질 것 같은 두통이었다.

가끔씩 화장실을 가려고 일어설 때 현기증은 나를 사정없이 방바닥에 쓰러트렸다. 지옥이 따로 없었다.

얼마 전부터 심한 허리 디스크를 앓고 있던 허리는 때를 만난 듯 끊어질 듯 아파 왔다. 2시간 이상을 같은 자세로 누워 있을 수가 없어 옆으로 눕다가 다시 엎드리고 바로 누웠다가 베개를 허리 쪽에 고인 채로 이리저리 돌려 눕기를 밤낮으로 계속 반복해야만 했다. 온 몸은 매를 맞은 듯 아프고 춥고 어지러웠다. 음식도 어머니가 해 주시는 죽이나 미음 몇 순가락 정도를 겨우 먹을 수 있었다.

그러던 어느 날 나는 죽음을 경험하게 되었다.

낮 시간에는 우리 가족 모두가 직장으로, 학교로 가고 나면 집 안에는 나 혼자 남겨지게 된다. 온 몸에 한기가 들고 몸이 으슬으슬 추운데 이마는 불덩이처럼 뜨겁기만 했다. 서너 시간마다 주기적으로 나타나는 머리 통증은 끝없이 반복적으로 계속되었다.

깨질 듯한 머리를 두 손으로 움켜잡고 고통을 견디는 중에 정수리 부분의 머리카락이 뭉터기로 빠진 흔적은 지금까지도 남아 있다. 열병을 앓아 본 사람은 알겠지만 가장 힘든 것이 두통이다. 좀 잠잠해지는가 싶더니 또다시 찾아오는 통증은 두려움 그 자체였다.

내가 죽음을 경험했던 그날도 평소처럼 두통이 시작되고 있었다. 두통이 또 시작될 쯤 나는 본능적으로 마음을 다잡고 고통과 맞서 싸울 각오를 단단히 해야만 했다.

그러던 어느 날이었다.

그날도 통증이 시작되었고 통증이 최고조에 달하는 어느 순간 "딱!" 하며 끊어지는 듯한 소리가 들리는가 싶더니 내 몸이 허공으로 두웅실 떠오르는 것이 아닌가!

"새털같이 가볍다"고 할까?

아니면 "연기처럼 가볍다"고 할까?

조금 전까지 깨질 듯이 아팠던 머리의 두통은 순식간에 사라지고 나의 영혼은 위를 향하여 떠오르며 "와아!" 하고 탄성을 지를 수밖에 없을 만큼 전혀 새로운 세상을 만나고 있었다.

내가 이런 이야기를 하면 대부분 사람은 이렇게 말한다.

"그건, 꿈을 꾼 거겠지?"

세상의 어느 누가 아픈 머리를 감싸 쥐고 고통스러워하다가 갑자기 꿈을 꾸었다는 말을 어디에서 들어보았는가?

나는 꿈의 세계에 나름 도가 통한 사람이다. 왜냐하면, 어릴 때 꿈을 많이 꾸다 보니 꿈속에서 이것이 꿈인지 생시인지를 구별하는 능력(?)이 있었다.

꿈속에서 높은 절벽에서 뛰어내려야 할 때 처음에는 두려움에 머뭇거리다가 "아~ 이건 꿈이지" 하며 주저 없이 절벽 아래로 몸을 날린 적이 한두 번이 아니었다.

그 뿐만 아니라 나는 기절을 경험해 본적도 있다.

제주도에서 추운 겨울 새벽에 얼어붙은 경운기의 시동을 걸려고 시동채(호이루채)를 걸고 돌리다가 쇠망치 같은 시동채가 빠져나와 왼쪽 콧잔등을 심하게 때렸고 나는 그 자리에서 기절하고 말았다. 기절의 특징은 정신을 잃은 이후에는 아무것도 생각나지 않는다는 것이다.

그리고 나는 영적 체험을 해 본 경험이 있다.

교회에 다니는 사람이라면 '성령 체험'이라는 것을 이해할 것이다.

15살 때 경남 양산의 영천기도원에서 중고등부 수련회가 있었다. 다 같이 기도하던 중에 친구 수찬이가 갑자기 공중부양 하더니 바닥에 떨어져 데굴데굴 뒹굴며 유창한 방언으로 기도했다.

나도 방언의 은사를 달라고 기도하던 중에 저 멀리서 흰옷을 입은 예수님이 나에게 조금씩 가까이 다가오시는 듯했다. 예수님의 모습이 제법 가까워졌다고 느낄 무렵 입술과 혀는 내 의지와 상관없이 움직였고 알아들을 수 없는 방언으로 말하는 신비한 경험을 했던 일이 있었다.

그런데 1980년 내가 우리 집 작은방에서 경험한 그 일은 꿈도 아니고, 기절도 아니며, 환상도 아니고 영적인 어떤 현상도 아니었다.

그것은 틀림없는 '죽음'이었다.

내 영혼이 그토록 가벼움과 평안함을 경험한 것은 처음이었다.

미국의 뉴헤이븐이라는 곳의 던컨 맥도널(Duncan MacDougall)이라는 의사가 영혼의 무게가 21그램이라고 했다는데 내가 경험한 바로는 영혼의 무게는 1그램도 되지 않는다고 확신한다.

새털같이 가볍다고 해야 할까?

아니면 공기 가운데 수소와 같다고 해야 할까?

공기는 무게가 없는데 영혼의 존재는 공기보다도 가볍다고 하면 틀림없이 맞을 것이다.

방금까지 머리가 깨질듯 아파서 고통받던 나는 카세트의 테이프가 끊어지듯 "따악" 하는 소리와 함께 어떤 신비의 세계로 끌려 올라가듯 내 몸이 두둥실 떠올랐던 것이다.

그런데 그 순간 놀라운 일을 경험하게 되었다.

허공에 떠 있는 나의 몸과 두 손이 보이면서 몸은 공중을 떠다니고 있질 않는가!

우주인들이 무중력 상태에서 유영하듯이 나는 공중에 머무르고 있었다.

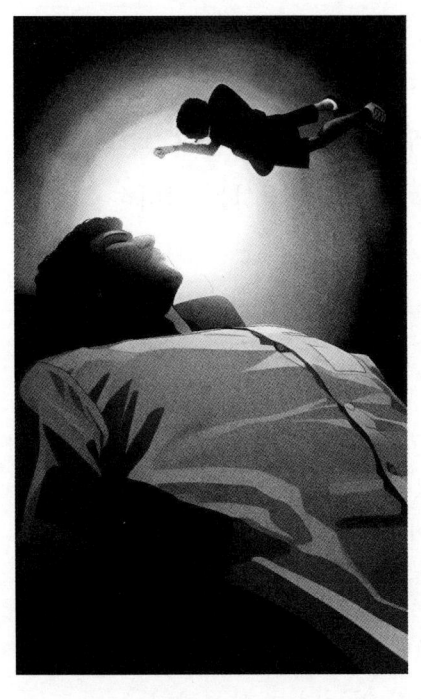

그러는 동안 아래로 내려다 보이는 방바닥에는 어디선가 많이 본 듯한 젊은 남자 청년이 누워 있었다. 그는 자는 것처럼 보였는데 그의 얼굴을 보면서 묘한 느낌이 드는 것이었다. 그 이유는 그를 어디선가 많이 본 듯한 얼굴이었기 때문이었다.

그리고 그가 누워 있는 주변을 보았는데 그곳은 다름 아닌 조금 전까지 내가 누워 있던 바로 그 방임을 직감적으로 알 수 있었다.

'어어- 여기는 … 그리고 저 사람은?'

무언가를 인식하는 바로 그 순간 누워 있던 나의 눈이 번쩍 떠졌다. 내가 둘이라는 것을 경험하는 순간이었다. 그리고 순간적으로 '이게 뭐지?' 하는 궁금증과 혼돈이 교차되는 경험을 했다.

가만히 눈을 뜨고 정신을 가다듬으며 방금 경험한 일을 정리해 보았다. 누워 있던 그 청년은 바로 나였고, 내 영혼이 육체를 빠져 나갔다가 육체 밖에서 나를 보고 다시 육체 속으로 돌아온 것이었다. 잠시 잠깐 정신적 혼동과 함께 온 몸에는 전율이 흐르고 있었다.

3. 내가 목격한 죽음

1) 강송애 집사의 죽음

서울시 강북구 수유 1동에는 빨랫골이라고 부르는 곳이 있다. 그곳에 사시던 80세쯤 되신 강송애 집사님의 원래 이름은 '강소송아'라는 네 글자의 특이한 이름이었다. 네 글자를 줄여서 부른 이름이 '강송애'이다.

그분의 가족들로부터 위독하다는 연락을 받고 급하게 달려갔다. 강 집사님은 누워 계셨고 내가 들어가니 힘겹게 눈인사를 하시며 반가와하셨다.

기도를 마친 나에게 찬송을 불러 달라고 하셨다.

그분의 머리맡에 앉아 천국 소망이 담긴 가사의 찬송들을 부르기 시작했다.

"내 영혼이 은총 입어 중한 죄 짐 벗고 보니 …"

"나의 갈 길 다 가도록 예수 인도 하시니 …"

"하늘 가는 밝은 길이 내 앞에 있으니 …"

내가 찬송을 부르고 있는 동안 그분의 입술에서는 나지막한 탄성이 터져 나오고 있었다.

"아이고 꽃이 많기도 해라!"

"야- 이쁘다."

"향기도 좋네 ….''

그리고 더 이상 그의 음성은 들을 수 없었고 그의 몸이 서서히 식어 가고 있었다.

죽음 직전에는 천국이 보인다는 것을 다시 한번 경험하는 기회가 되었다.

강송애 집사의 장례식은 내가 경험한 최고의 장례식이었다.

아파트 주차장에서 드린 발인예배에는 10여 명의 성가대원들이 성가대 가운을 걸치고 아름다운 찬양을 드렸고, 아파트 주민들은 장례식 광경을 구경하기 위해 각 층 아파트 베란다에서 일제히 주차장을 내려다보았으니 강송애 집사의 발인예배를 통해 지역 주민들에게도 복음을 전하는 좋은 기회가 되었던 기억이 있다.

2) 보광동 구멍가게 주인의 죽음

보광동의 한 교회에서 부목사로 섬기고 있을 때의 일이다. 교회 바로 앞 골목 입구에 조그마한 구멍가게를 운영하면서 열심히 교회에 나오시던 70대 김 집사님 집에는 오랫동안 당뇨로 고생하는 남편이 누워 있었다.

남편은 젊어서부터 평생 아내가 교회 가는 것을 못마땅하게 생각했던 분이다. 그러나 김 집사님은 남편에게 폭행을 당하면서도 묵묵히 교회에 나와 남편의 영혼 구원을 위해 기도하셨던 분이시다.

어느 날이었다.

주일 예배를 마치고 김 집사님이 나를 찾아 왔다.

남편이 한남동의 순천향병원에 입원해 있는데 임종 직전에 계시다고 한다. 당뇨로 인한 합병증이 와서 오래 전에 발목을 절단했고 얼마 전에는 그의 무릎까지 절단한 상태라고 했다.

죽기 전에 세례라도 받게 하고 싶었던 집사님은 부목사였던 나에게 세례를 베풀어 달라고 부탁하셨다. 왜냐하면, 담임목사님은 1년 이상 교회를 출석하지 않은 사람은 세례를 받을 수 없다고 하셨기 때문이다.

나 역시 입장이 곤란한 상황이었지만 임종 전에 목사의 세례를 받고 싶다는데 그것을 거절한다는 것은 나의 신앙양심에 어긋나는 것이었다.

담임목사님과 교회에는 일체 비밀로 하고 세례에 필요한 물품을 간단히 챙겨서 병원으로 갔다.

노인은 제대로 말할 수 없는 상태라 표정과 눈빛으로 신앙고백을 받고 그에게 세례를 베풀어 주었다. 그리고 하나님께서 그의 영혼을 받아 주시기를 간절히 기도했다.

그러던 중에 그에게 임종이 다가온 듯했다.

그는 갑자기 나를 희미한 눈으로 바라보며 손을 허공에다 휘젓기 시작했다.

"으으으 …" 하시는데 무엇인가 아니라는 싫다는 표현인 것 같았다.

우리 모두는 임종 전 그의 눈빛이 두려움으로 가득한 것을 알 수 있었다.

그리고 그의 행동을 다시 살펴보니 나를 향한 것이 아니라 내 뒤편 병실 문 쪽을 바라보며 손사래를 치시는 것이었다.

나는 직감적으로 그의 귀에 대고 물었다.

"혹시 문 쪽에 누가 왔습니까?"

그는 내가 이해해 줘서 고맙다는 듯이 즉각적으로 고개를 끄덕였다.

"혹시 검은 옷을 입고 있습니까?"

그가 고개를 끄덕였다.

"두 사람입니까?"

다시 물으니 또 다시 그렇다고 고개를 끄덕인다.

나는 함께한 가족들과 찬송을 부르고 문 쪽을 바라보며 강한 어조로 귀신을 내쫓았다. 잠시 후 그의 표정이 바뀌었다. 무엇인가에 놀란 듯이 또 다시 손을 휘젓는 것이었다.

나는 직감적으로 그에게 다시 물었다.

"혹시 다른 사람들이 보입니까?"

"으으으" 하시면서 고개를 끄덕이신다.

"흰옷을 입고 있습니까?"

역시 끄덕이신다.

"두 사람입니까?"

다시 물으니 그렇다며 계속 끄덕이신다.

나는 그에게 만약 돌아가시게 되면 흰옷 입은 천사를 따라 가시라고 몇 번이고 귀에다 대고 다짐해 드렸다.

흔히 "전설의 고향" 같은 프로를 보면 사람이 죽으면 검은 옷을 입은 저승사자가 나타나서 죽은 사람의 영혼을 데려가는 장면들을 기억할 것이다.

〈사랑과 영혼〉이란 영화 속에서도 검은 옷을 입은 죽음의 사자들이 죽은 자의 영혼을 끌고 가는 모습을 보았을 것이다. 세상에서 악한 죄를 짓고 용서받지 못한 영혼이 죽을 때는 저승사자와 같이 사탄에게 속한 검은 옷을 입은 귀신(지옥의 사자)들이 죽은 자들을 위한 영혼의 안내자로 찾아온다.

예수님을 믿고 천국에 갈 영혼들을 위해서는 흰옷을 입은 천사(천국의 사자)들이 그들을 위해 영혼의 안내자로 찾아오는 것이다.

이 같은 이야기의 구체적인 예로는 신약성경 유다서 1장 9절이다.

> 천사장 미가엘이 모세의 시체에 관하여 마귀와 다투어 변론할 때에 …
> (유 1:9).

모세의 시체를 두고 천사장과 마귀가 변론했다는 말씀인데 결국 모세의 시체 소유권을 두고 하나님의 천사와 마귀가 서로 주장하는 내용이다.

3) 90세에 돌아가신 친할아버지의 죽음

사실 나는 할아버지의 임종을 보지 못했다. 내가 중학교 3학년 때 할아버지가 돌아가셨는데 그때는 부모님과 형님만 장례식에 참석하셨고 나와 동생들은 학교에 가야만 했다.

할아버지의 죽음에 대해 무엇을 말하려는지 궁금할 것이다. 할아버지와 나와의 마지막 만남이 중학교 3학년 여름방학 때였다. 그때 만난 할아버지 이야기를 하고자 한다.

(고) 김 수(자) 봉(자)가 할아버지의 성함이시다.

할아버지는 경남 고성군 마암면의 시골 큰댁에 사셨는데 방학에 큰댁에 가면 할아버지가 계신 문간방에서 지내곤 했다. 할아버지의 체취와 담배 내음이 짙게 배인 그 방은 참 아늑한 방이었다.

어느 날 할아버지는 저녁밥을 드시고 난 후 단둘이 있는 시간에 말씀하셨다.

"수야, 내가 얼마 전에 바깥에 나갔다가 정신을 잃고 쓰러져서 사람들에게 업혀 온 적이 있는데 아무래도 얼마 못살 것 같다."

그 말을 듣던 나는 90세가 넘은 고령의 할아버지가 길을 가다가 쓰러져 돌아가실 수도 있다는 염려와 다음 겨울방학에는 할아버지를 못 볼 수도 있다는 생각이 들었다.

그래서 할아버지께 복음을 전했다.

"할아버지, 사람이 죽으면 천국과 지옥으로 가게 된다는 말 들어 보셨어요?"

나는 이 말을 할 때 할아버지가 듣기 싫어하실까 하는 조심스러운 마음도 있었는데 할아버지는 뜻밖에도 이렇게 말씀하시는게 아닌가.

"하-모(아무렴), 저승이 있지."

그리고는 할아버지는 다음과 같은 이야기를 해 주셨다.

저 건너편 마을에 김 아무개가 살고 있고, 저 윗마을에는 박 아무개가 살고 있는데 이 두 사람이 같은 날 죽는 일이 있었다는 것이다.

그런데 삼 일째 되는 날 출상을 하려는데 관 속에서 사람 소리가 들려서 관 뚜껑을 열어 보니 김 아무개가 살아났다는 것이다. 살아난 김 아무개는 사람들에게 윗동네의 박 아무개에 대해 묻더라는 것이다.

사람들이 박 아무개가 삼 일 전에 죽었다는 말을 해 주자 김 아무개는 다음과 같은 이야기를 하더라는 것이다.

"저승 가는 길에 박 씨 형님을 만났어요. 좁고 긴 골짜기로 한참을 걸어서 도착해 보니 성문이 있고 문지기가 있는데 '이름이 뭐요?' 하고 물어서 김 아무개요, 박 아무개요 했더니 문지기가 박 아무개는 있는데 내 이름은 없다는 것이에요. 그러면서 나는 다시 돌아가야 한다고 해서 돌아왔어요.

그런데 다시 돌아오려 하자 박 아무개가 '집에 돌아가면 우리 집 사람한테 얼마 전 30만 원 빚 갚은 영수증이 있는 곳을 알려 주고 자식들에게 서랍장 밑에 숨겨 둔 양말 찾아 신으라고 전해 달라'고 했어요."

놀라운 사실은 며칠 뒤 김 아무개가 윗마을의 박 아무개 집을 찾아가서 가족들에게 이 말을 했더니 그가 말한 대로 영수증이 있고 숨겨 놓은 양말이 있더라는 것이다.

평소에 이 동네 저 동네 초상집과 결혼식장은 빠짐없이 다니시던 할아버지가 직접 보고 들은 이 말들은 할아버지에게 죽음 이후의 내생이 있다는 확신을 주었던 것이었다.

나는 할아버지께 말씀드렸다.

"할아버지, 저승 중에 좋은 곳이 천국이고, 안 좋은 곳은 지옥인데 할아버지는 좋은 곳에 가셔야지요?"

"하모, 누구나 좋은 곳에 가고 싶지만 그게 지 마음대로 되나?"

할아버지가 대답하셨다.

나는 이때다 싶어 또 말씀드렸다.

"할아버지, 사람이 죽어서 좋은 곳에 가지 못하는 이유는 죄를 많이 지어서 그런 거예요. 할아버지도 90평생을 사시면서 지은 죄가 많이 있잖아요?"

그러자 할아버지가 대답하셨다.

"하모, 죄가 없는 사람이 어디 있겠노."

나는 할아버지께 죄를 용서받는 기도를 하자며 무릎을 꿇고 함께 기도하기를 권했다.

" 할아버지 따라하세요."

나와 할아버지 단 둘만 아는 영접기도가 시작된 것이다.

"하나님, 저는 죄인입니다."
"평생에 많은 죄를 지었습니다."
"저의 죄를 용서해 주세요."
"예수님을 믿습니다."
"예수님의 십자가를 의지합니다."
"십자가의 피로 모든 죄를 씻어 주세요"
"저도 천국에 가기 원합니다."
"저를 구원해 주시니 감사합니다."
"예수님의 이름으로 기도드립니다."
"아멘!"

할아버지는 어린아이처럼 내가 하자는 대로 곧잘 따라하셨다.

나는 그동안 라디오의 기독교 방송이나 극동방송을 통해 너무 많이 들었던 조용기 목사님의 영접기도를 흉내 내어 할아버지와 함께 기도한 것이다.

할아버지는 마음에 많은 위안을 받으셨던 모양이다.

큰댁의 마루에 앉아 식사할 때마다 나는 주로 할아버지와 겸상했다. 나와 기도하시고 난 다음날 아침 밥상에 올린 조기 구이의 흰 생선살을 발라 주시던 할아버지를 생각해 보면서 할아버지의 마음에 천국에 대한 소망이 생겼다고 확신했다.

그리고 "수야- 니가 가르쳐 준 기도가 잘 생각이 안 난다"고 걱정하시는 할아버지께 "하나님, 제가 잘못 살았습니다." "저도 천국 가게 해 주세요"라고 그냥 간단하게 기도하시면 된다고 알려 드렸다.

그런 일이 있고 며칠 후 나는 부산에 있는 집으로 돌아왔고, 몇 달 후 어머니를 통해 할아버지의 임종 소식을 듣게 되었다.

평생을 사시면서 남에게 피해를 줘서는 안 된다고 하시던 할아버지, 죄가 많아 천국 문턱에도 못 갈 거야 걱정하시던 할아버지, 기도를 잘하지 못한다고 걱정하시던 할아버지 ….

우리 할아버지와 천국에서 다시 만나게 될 것을 확신한다.

4. 죽은 자가 살아나다

1) 62세 이건영 집사(소생목격담 1)

1991년 5월쯤으로 기억된다.

가깝게 지내던 소망선교회 송○자 목사와 소망교회의 강○자 목사는 한 달에 한번씩 노원구 중계동의 경로당을 빌려 장애인 예배를 드리고 있었다.

그런데 그날은 소망교회와 소망선교회가 연합하여 장애우들을 모시고 1일 나들이를 함께했던 날이었다.

장애우 70명과 봉사자들이 30명 정도 참석하였고 대형버스 1대와 승합차, 그리고 장애인들을 섬기는 '택시선교회'의 자원봉사자들의 택시가 10여대 동원되었다

목적지는 광릉수목원이었고 1부 예배와 2부 나들이로 순서를 정했다.

그런데 문제는 1부 예배에서 발생했다.

강사로 초대받은 나는 앰프와 마이크, 그리고 기타를 준비해 갔고 자갈밭 마당에 모인 100여 명 앞에서 힘차게 찬양을 부르며 뜨겁게 설교를 하고 있었다.

설교의 제목은 〈힘이 되어 주시는 하나님〉이었고 본문은 시편 18편 1절이었다. 대부분의 사람은 권력을 의지하고, 돈을 의지하고, 자신의 건강함을 의지하지만 가장 지혜로운 사람은 하나님을 의지한다는 내용으로 설교했다.

그런데 그때 휠체어를 타고 맨 앞줄에 앉아 있던 이건영 집사님이 갑자기 몸을 비틀며 괴로워하기 시작했다. 그러더니 손으로 입을 틀어막고 "억, 억" 거리다가 무언가를 뱉어 내는데 검붉은 핏덩이를 바닥에 토해 내는 것이 아닌가. 얼핏 보면 길게 늘어진 돼지의 간 같은 짙은 자색 덩어리였다. 그러다 잠시 후 휠체어와 함께 앞으로 고꾸라져 그 핏덩이 위에 쓰러지는 것이 아닌가.

우리는 갑작스런 상황에 너무 놀랐고 어찌 할 바를 모르고 우왕좌왕하고 있었다.

"일으켜 드릴게요" 하며 급하게 다가갔으나 쓰러진 집사님은 괜찮다는 표정을 지으며 손도 못 대게 하셨다.

그러나 잠시 후 집사님은 "으으" 신음소리를 내더니 이내 조용해졌다.

전직 간호사였고 이 집사님과 가까이 지내던 60대의 김 집사님이 급히 다가와 그의 상태를 확인하고는 숨을 쉬지 않는다고 했다.

사실 이 집사님은 자신이 쏟아 낸 핏덩이 위에 코를 박고 쓰러진 상태라 숨을 제대로 쉴 수가 없는데도 얼굴을 옆으로 돌리지도 않고 있었던 것이다. 김 집사님은 우리 모두를 쳐다보며 돌아가신 것 같다고 말했다.

이때까지도 나는 속으로 '이게 무슨 일이지?' 생각하며 송 목사와 강 목사를 바라보는데 그들의 얼굴도 하얗게 질려 있었다.

그때에야 비로소 '큰일 났구나' 하는 생각이 들었다.

사실 멀쩡한 분을 소풍 간다고 모시고 나왔는데 돌아가셨다고 하면 그 가족들이 교회와 선교회를 향해 항의하고 법적으로 대응할게 뻔하다. 그렇게 된다면 교회나 선교회의 입장은 난처하지 않을 수가 없는 상황이었다.

'교회와 선교회가 문을 닫고 강 목사님이나 송 목사님은?'

복잡한 심정으로 모두가 우왕좌왕하고 있을 무렵, 나는 얼핏 뇌출혈이나 급체로 쓰러졌을 경우 손가락을 바늘로 따서 피를 내면 좋아진다는 말이 생각났다.

그래서 "누가 바늘 가진 사람이 있으면 바늘 좀 줘 보세요!"라고 소리치며 바늘을 찾았지만 야외 나들이에 바늘을 가져온 사람은 없었다.

그런데 한 여자 집사님이 "여기 옷핀이 있는데 이건 안 될까요?" 하신다.

그래서 "옷핀이라도 줘 보세요!" 하며 옷핀으로 이건영 집사님의 손톱 아랫부분을 따려고 했지만 옷핀의 뾰족한 부분이 너무 무뎌서 제대로 따지지 않았다.

나는 만약에 죽었다면 고통을 못 느낄 거라 생각해 옷핀으로 사정없이 손가락을 찔러 댔다. 그러나 살점이 뚝 떨어져 하얀 속살이 드러나 보이는데도 피는 나지 않았다.

이 집사님이 죽었다는 정황은 그 외에도 많았다.

가슴에 손을 대고 심장박동을 확인했지만 역시나 심장은 멈춰 있었다. 코로 숨을 쉬지 않고 있다는 것은 이미 확인했다. 팔이나 몸을 만져 보았지만 이미 싸늘히 식어 가고 있었다. 그리고 그의 얼굴을 들여다보니 아까와는 달리 핏빛이 사라지고 창백하게 변해 있었다. 눈꺼풀을 뒤집어 보았는데 검은 눈동자가 보이지 않았다.

"아- 돌아가셨구나. 이제 어떡하지?"

그때 내 머릿속에는 여러 가지 생각으로 복잡했다.

조금 전에 설교한 내용이 생각났다.

"하나님을 의지하면 하나님께서는 우리가 할 수 없는 일까지 도와주십니다. 아무리 돈이 많아도 죽어 가는 사람을 살릴 수 없고 아무리 권력이 있어도 자신의 생명을 연장시킬 수 없습니다. 그러나 하나님을 의지할 때에 하나님은 병든 자를 고쳐 주시기도 하고, 죽은 자를 살려 주시기도 합니다."

방금 그렇게 설교했는데 죽은 사람이 살기는커녕 멀쩡히 살아 있던 집사님이 죽어 버렸으니 참으로 답답하기만 했다.

그러다가 갑자기 오기가 발동했다. 하나님께 살려 달라고 기도하자는 생각이 들었다. 그래서 집사님 곁에 무릎을 꿇고 앉으며 모인 사람들을 향해 이렇게 외쳤다.

"우리 모두 이건영 집사님을 살려 달라고 하나님께 기도합시다. 방언기도를 하시는 분은 방언으로 기도하시고 모두 한목소리로 주여- 외치며 기도하겠습니다. 주여- 주여-"

100명이 모여 있었지만 20-30명 정도만 기도하는 것 같은 느낌으로 기도하기 시작했다. 그러나 1분도 채 못 되어 기도 소리가 점점 작아져 가더니 결국 나 혼자 기도하고 있었다.

나는 포기하지 않고 그들을 향해 다시 한번 기도하자고 소리쳤다.

"주여-"

그런데 이번에는 몇 명의 목소리만 들릴 뿐 사람들의 기도 소리가 거의 들리지 않았다.

사람들은 이렇게 생각하는 것 같았다.

'죽었다면서 뭘 기도하라는 거지?'
'죽은 사람이 어떻게 다시 살아나?'
그래서 그들은 기도할 이유도, 의욕도 없어 보이는 것 같았다.
나는 "에이! 모르겠다"는 식으로 혼자서 소리 높여 기도했다.
"주여-, 생명의 주관자이신 하나님, 우리는 이건영 집사님의 형편을 알지 못했습니다. 그가 어떠한 질병에 걸렸는지 알지 못했고 그의 가정에 어떤 어려움이 있는지 알 수가 없습니다. 그러나 지금의 형편을 아시는 하나님, 이 집사님을 불쌍히 여기시고 그를 살게 하여 주옵소서."

기도를 이어 가는 동안 나의 심령은 뜨거워지고 있었다. 그리고 두려움이 사라지기 시작했다. 온통 나의 심령은 담대함으로 채워져 가기 시작했다.

방언기도로 이어졌다.

그리고 큰 소리로 다음과 같이 선포하기 시작했다.

"예수 그리스도의 이름으로 이건영 집사의 영혼은 그 육체 속으로 돌아올지어다!"

"돌아올지어다!"

"예수님의 이름으로 소생할지어다!"

"예수님의 이름으로 살아날지어다!"

약 5분 정도 기도했을까?

벌써 몸은 땀으로 젖기 시작했다.

100명 정도의 많은 사람이 오직 나만을 바라보고 있었다. 아마도 그들은 부질없는 짓, 부질없는 기도를 하고 있다고 생각했을 것이다.

나는 죽은 자가 살아나야 한다는 절박함과 담대함으로 온 힘을 다해 기도하고 있었고 이왕 시작한 기도를 끝까지 하겠다는 오기가 발동한 것처럼 기도에 집중하고 있었다.

그러던 중 누군가가 만류하는 듯한 느낌이 들었다. 나는 나의 기도를 방해한다고 생각해 뿌리치고 계속 기도했다. 그러다가 팔을 계속 잡아당기는 느낌이 이상해 눈을 떠 보았다.

팔을 당기는 방향이 뒤도 아니고, 옆 방향도 아니고 아래 방향이었기 때문이었다.

놀랍게도 그는 이건영 집사였다.

아래쪽으로 당겨지는 느낌이 이상했었는데 엎드려져 있던 이건영 집사님이 어느 틈에 하늘을 보고 바로 누운 채 내 팔을 당기고 있었던 것이다. "나 살아났으니 이제 그만 기도해요-"라고 말하는 것처럼 전해졌다.

그때였다. 119구급대의 사이렌 소리가 가까워지더니 몇 명의 구급대원들이 들것을 들고 달려왔다. 그동안 우리 중 누군가가 119에 전화를 걸었던 모양이다.

이건영 집사를 들것에 싣고 난 후 한 여자 구급대원이 바닥의 핏덩어리를 보고 이게 뭐냐고 물었다.

우리는 이분이 토해 놓은 것이라고 했고 구급대원은 핏덩이를 집게로 집어 비닐봉지에 담아서 병원으로 향했다.

남겨진 우리는 그렇게 짧은 야유회를 마치고 돌아와야만 했다.

며칠 뒤 상계백병원으로 이건영 집사님 병문안을 갔다. 집사님은 그동안 얼굴이 훤해져 있었다. 수고하셨다며 악수를 청하자 그는 내 손을 꼬옥 쥐며 말했다.

"전도사님 덕분에 제가 살았지요."

이 말은 듣고 나는 그에게 물었다.

"그때 집사님이 돌아가셨는데 하나님께서 다시 살리셨다는 사실을 기억하십니까?"

이건영 집사님은 미소를 띠며 고개를 끄덕였다.

2) 93세 서정애 집사(소생목격담 2)

서 집사님의 이야기는 2010년으로 기억된다.

2008년부터 교회가 재정적으로 어려움을 겪던 중 교회를 유지하고 월세를 감당하기 위해서라도 어떤 방법을 강구해야 했다. 결국, 2층의 일부분을 칸으로 막고 '요양보호사교육원'을 설립했다.

그리고 2009년에 1층 공간에는 '공동생활가정'과 '주간보호센터'를 설립하여 어르신들의 보호시설로 운영하게 되었다.

교회를 지하로 옮겼지만 주일 예배는 입소한 어르신들이 휠체어를 타고 지하계단으로 내려 올수가 없어서 교회의 성도들이 1층 요양시설에서 예배를 드려야 했다. 어느 주일날이었다.

오전 11시에 예배를 드리면서 설교가 시작되었는데 맨 앞에 앉아 계시던 서○애 집사님의 몸이 바로 곁에 계시던 송○운 권사님 쪽으로 기울어지는 것이었다.

송 권사님이 "저리가-저리가-" 하시며 서 집사님을 밀쳐 냈지만 집사님은 쓰러진 듯 권사님에게 계속 기대셨다.

뒤에서 이 모습을 지켜보던 임○숙 전도사님이 달려와 서 집사님을 부축하려는데 몸이 맥없이 바닥으로 주저앉는 것이었다. 그리고 의식을 잃은 듯 바닥에 누운 채 눈을 감아 버리는 것이 아닌가.

50대의 임 전도사님이 "서 집사님!" 하고 부르며 눈꺼풀을 벌려 보니 흰자위만 보이는 상태였다. 위급하다고 판단했는지 임 전도사님은 서 집사님의 코에 입을 대고 힘차게 빨기 시작했다. 평생 처음 보는 광경이었다. 전라도 지역에서 호흡이 멈춘 사람의 코에 입을 대고 빨면 다시 호흡하게 된다는 민습이 있는지는 몰라도 이해할 수 없는 행동이었다.

몇 차례 '코빨기(?)'를 시도하던 전도사님이 하던 행동을 멈추고 뒤에 서있던 나를 돌아보며 "돌아가셨네요" 하는 것이 아닌가.

서 집사님의 몸에 손을 대니 점점 온기가 식어 가고 있음이 느껴졌다. 앞이 캄캄해졌다.

이전에 광릉수목원에서 있었던 일이 오버랩 되면서 서 집사님과 함께 살고 있는 60대의 아들이 문득 떠올랐다. 연로한 어머니가 교회 나가는 것을 별로 탐탁지 않게 여겼으며 교회에 나오거나 신앙생활에 대해서는 별 관심이 없는 아들이었다.

그런데 어머니가 교회에서 돌아가셨다고 하면 그가 어떻게 받아들일까?

혹시라도 어머니를 살려 내라고 행패를 부리지나 않을까?

별별 생각에 마음이 복잡하고 머리가 무거웠다.

그러던 중 한편으론 광릉수목원에서 있었던 이건영 집사의 일이 떠올랐다.

서정애 집사의 영혼이 아직 이곳에 머무르고 있을 때 그의 영혼을 불러 보는 것이 어떨까 하는 생각이 불쑥 떠올랐다.

'사람들의 시선이 앞에서 일어나고 있는 상황에 집중하고 있지 않은가.'

나는 서 집사님을 위해 함께 기도하기를 부탁하고 서 집사님의 발 쪽에서 무릎을 꿇고 앉았다. 그리고 하나님께 간절히 기도하기 시작했다.

"서정애 집사님으로 인해 교회에 시험이 되지 않게 해 주시고, 하나님께서 긍휼을 베풀어 주셔서 서정애 집사님이 이 시간 눈을 뜨게 하시고 함께 예배할 수 있게 해 주시옵소서!"

간절히 기도했다.

그러나 집사님은 움직임이 조금도 없었고 반듯이 누운 채 미동도 하지 않았다.

다급해진 나는 이번에는 서 집사님의 두 발을 붙잡고 선포하기 시작했다.

"예수님의 이름으로 서정애 집사의 영혼은 돌아올지어다!"

"예수님의 이름으로 서정애 집사는 소생할지어다!"

역시 아무런 반응이 없었다.

모두가 무표정한 모습으로 내가 하는 말과 행동들을 지켜보고 있는 가운데 내 마음도 서서히 지쳐 가고 있었다.

"진짜 가셨구나 …!

끝난 것인가?"

서 집사님의 발밑에서 무릎을 꿇고 있던 나는 몸을 일으켜 성도들을 바라보았다. 모두에게 어색한 침묵이 흐르고 있었다.

발걸음을 옮겨서 집사님의 머리 쪽으로 갔다.

그리고 마지막이다 생각하고 이마를 오른 손바닥으로 내리치며 큰 소리로 선포했다.

"서정애 집사의 영혼은 다시 그 육체 속으로 돌아올지어다!"

무슨 생각으로 그랬는지 몰라도 서 집사님이 기절했다면 깨워야 한다는 것과 이미 돌아가셨다면 아픔도 느끼지 못할 것이라는 생각에 본능적으로 행했던 것 같다.

"퍽" 하는 둔탁한 파열음이 들릴 정도로 오른 손바닥으로 집사님의 이마를 내리쳤다. 그리고 잠시 후 "아야" 하며 이마를 손으로 감싸며 집사님이 눈을 뜨는 것이었다. 서정애 집사의 영혼이 돌아오고 소생한 것이다.

그날 서 집사님은 우리가 기도한 대로 끝까지 예배를 드리셨고 점심 식사까지 하시고 집으로 돌아가셨다.

하나님의 능력은 지금도 믿는 자, 기도하는 자를 통해 역사하신다.

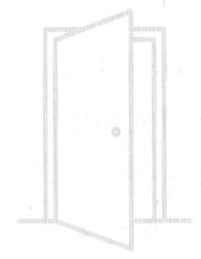

제2부

자살(Suicide)

제1장 자살에 대한 일반적 이해
1. 자살의 정의
2. 자살의 개념
3. 자살 문제의 심각성
4. 자살의 일곱 가지 종류
5. 자살의 원인과 과정

제2장 내가 경험한 자살
1. 자살자의 심리와 자살의 동기 이해
2. 자살 순간의 찰라적 회개
3. 기독교에서 자살하면 지옥 간다는 이유
4. 회개에 필요한 시간?
5. 올바른 회개기도 방법
6. 진정한 회개와 회개 효력

제3장 자살의 총체적 이해
1. 삼손의 죽음 – 자살인가 순교인가?
2. 가룟 유다의 자살과 지옥
3. 루터의 어록
4. 안타까운 자살자들
5. 베트남의 틱광득 스님의 '반열반' 자살
6. 불교에서의 자살에 대한 가르침
7. 법에서 허용된 죽음과 자살: 조력사, 안락사, 존엄사
8. 자살을 생각하는 이들에게

제1장

자살에 대한 일반적 이해

1. 자살의 정의

자살은 "정신질환, 좌절, 절망, 불명예 등으로부터 벗어나기 위하여 스스로 자기 자신의 생명을 포기하는 죽음이다"라고 정의 한다.

2. 자살의 개념

'네이버 지식인'에서 '자살의 개념'에 대해 찾아보면 다음의 내용이 나온다.

자살이란 자신의 생명을 스스로 끊는 행위를 말한다. 자살의 어원은 라틴어의 *sui*(자기 자신을)와 *cado*(죽이다)의 두 낱말의 합성어이다. 여기서 알 수 있듯이, 자살이란 그 원인이 개인적이든 사회적이든, 당사자가 자유의사(自由意思)에 의하여 자신의 목숨을 끊는 행위를 말한다.

이 정의는 일견 명백하기는 하나 실제로는 여러 문제가 있다.

예를 들어, 음독(飮毒)은 일반적으로는 자살의 한 형태인 것으로 되어 있지만, 그것이 처벌(處罰)의 형식으로 이루어졌을 때(예전의 사약[賜藥]) 과연 자살이라 할 수 있는지, 그리고 전쟁에 의한 사망은 일반적으로 자살이라고 하지 않으나 과거 일본 군대의 '가미카제(神風) 특공대'나 이른바 '육탄용사'(肉彈勇士)처럼 스스로 자진해서 죽음으로 뛰어드는 경우를 자살행위라고 할 수 있는지 그 한계는 모호하다.

자살의 시비(是非)에 관한 윤리관과 종교관에 대해서는 예로부터 여러 견해가 제기되어 왔다.

자살긍정론자는 인간은 누구든지 자기의 생명에 관해서 절대적인 권리를 가진다는 윤리적 입장에서 긍정해 왔다.

종교적 관습으로서도 인도의 사티(satī) 등에서 볼 수 있듯이 배우자를 잃은 사람이 배우자의 극락왕생(極樂往生)을 기원하여 뒤따라 자살하는 경우가 있었다.

한국에도 옛날에는 임금의 죽음에 대하여 신하가 순사(殉死)하는 관습이 있었으며, 근세 이후의 문예작품이나 연극 중에는, 자살을 동정하고 정사(情死)를 미화하는 사상이 드러나는 작품이 있다.

자살부정론자는 자살은 신과 국왕에 대한 의무를 포기하는 행위로 비난하였는데, 특히 그리스도교에서 자살은 신을 모독하는 행위라 하여 이를 죄악시하고, 종교적 제재를 가하였다. 가톨릭에서는 오늘날에도 자살을 죄악시하는 사상이 강하다.

불교에서는 열반사상(涅槃思想)의 입장에서 자살을 경계하고 있지만, 현실적으로 종교자살이 없지는 않다.

자살은 지역적·시대적으로 다양한 발생상황을 보여 주고 있다. 자살률이 높은 나라는 리투아니아, 러시아, 벨라루스 등이며, 반대로 낮은 나라는 이탈리아, 영국, 스페인 등이다.

이것만으로는 나라별 자살경향을 판단하기는 어려우나, 서유럽의 경우 전반적으로 자살경향이 북부일수록 높고, 남부로 올수록 낮아진다. 남녀별·연령별 자살경향을 보면, 남녀별로는 어느 나라에서나 여자의 자살률이 남자보다도 훨씬 낮다. 연령별로는 어느 나라에서나 자살률은 연령이 높아짐에 따라 점차 높아지고 있다.

3. 자살 문제의 심각성

2020년 발표한 자료에 따르면 OECD 회원국 중 우리나라가 자살률 1위로 발표되었다. 인구 10만 명당 자살자가 23명으로 1위였고, 과거 1위였던 일본은 14.9명으로 7위로 내려갔고, 미국은 14.5명으로 9위였다.

이와 같은 심각한 상황의 우리나라의 자살률을 보면서 정부는 자살예방을 위한 다양한 방법을 모색해야 하며 온 국민은 주변인들에 대한 관심과 자살예방에 협력이 다양한 필요한 시점이다.

남자가 여자보다 자살률이 높으며, 젊은이들보다 노인들의 자살률이 높아지고 있다.

세계보건기구인 WHO는 지난 2,000년을 "자살예방의 해"로 선포하고 전 세계인들의 자살예방을 위해 활동하고 있다.

자료에 의하면 한 사람이 자살하는 동안 24명 정도가 자살을 기도하고, 750명 정도가 자살을 생각한다고 한다.

국내 자살자들의 특징은 60퍼센트 이상이 우울증을 가진 이들이었다고 하는데 우리나라의 경우 우울증을 가진 사람이 전체 인구의 15.2퍼센트가 되고, 자살 생각을 해 본 사람은 18.7퍼센트나 된다고 한다.

각종 스트레스에 시달리는 사람의 통계는 34.9퍼센트나 된다고 하니 우리나라의 사회 문제는 근원적으로 심각한 상황이라고 볼 것이다.

이러한 원인들을 기초로 하여 자살의 종류들을 나열해 보고자 한다.

4. 자살의 일곱 가지 종류

프랑스의 사회학자이며 파리대학의 교수였던 É.뒤르켐은 다음과 같은 세 가지의 자살을 이야기한다.

첫째, 이기적 자살(利己的自殺)
개인이 과도한 개인화를 보일 경우, 즉 개인과 사회의 결합력이 약할 때에 나타난다.

둘째, 애타적 자살(愛他的自殺)
이기적 자살과는 반대로 과도하게 자신이 속한 단체 또는 사회적 의무감이 지나치게 강할 때 나타난다.

셋째, 아노미(anomie: 無規制狀態)적 자살
아노미적 자살은 사회 환경에서의 차이나 주어진 조건에 대한 불만, 또는 도덕적 통제의 결여(缺如)가 있을 때에 나타난다.

이 외에도 필자는 자살의 종류를 조금 더 구체적으로 일곱 가지로 언급하고자 한다.

1) 감정적 자살

주로 어린 학생들이나 젊은이들 가운데서 많이 일어난다.

예를 들어, 부모에게 꾸중을 들은 자녀가 순간적인 억울함이나 반항심을 억누르지 못해 충동적으로 투신 또는 투약을 통해 자살하는 일들이 있고, 젊은이들이 연애 중에 상대방으로부터 실연을 당하거나 감정적으로 극복할 수 없는 배신감이나 분노의 표출 방법으로 자살을 선택하기도 하는데 이러한 자살은 감정적 자살이라고 할 수 있겠다.

홧김에 어떠어떠했다는 말처럼, 순간적인 화를 참지 못하고 극단적인 선택을 해 버리는 경우들의 자살을 '감정적 자살'이라고 말하고 싶다.

이처럼 자살은 심리적 과열상태에서 즉흥적으로 일어날 수 있다. 그러므로 감정적 자살은 우발적으로 발생할 수 있다.

감정적 자살은 우발적으로 일어나는 자살인가?

설명하기 쉽지 않지만 전혀 자살 할 이유가 없는데 자살 사건이 일어나는 경우들이 있다. 과거 인기 연예인, 한때 유명했던 정치인, 대학 교수 같은 사람들이 자살을 한다.

유언장 하나 없이 자살을 한다.

왜일까?

필자는 사춘기를 지나면서 자살의 위기를 넘긴 적이 있다.

당시 내게는 김수미라는 여자 친구가 있었다.

교회에서 삼랑진기도원으로 중고등부 수련회를 갔을 때의 일이다. 우연히 저수지로 나가서 물속을 들여다보고 있는데 저수지 건너편에는 수미가 나보다 두어 살 위였던 영만이라는 형과 함께 저수지 주변을 걸으며 이야기하고 있는 모습을 보게 되었다.

건너편에서 우연히 이 광경을 지켜보면서 저수지를 내려다 보는 순간 저수지의 물로 뛰어들어 자살하고 싶은 강한 충동이 일어났다. 나중에 알게 된 사실이지만 둘은 수련회 행사를 준비하면서 공적 대화를 나누었을 뿐 다른 어떤 사적 만남이 아니었다.

그때의 나의 감정은 단순했다.

"수미야, 나는 너를 위해서라면 언제든 목숨을 버릴 수 있어!"

이런 충성심(?)을 인정받고 싶은 데서 나온 행동이었다,

또는 이런 마음이었다.

"수미야, 충격받았지 그러니까 앞으로는 다른 남자 만나지 마!"

수미를 사랑한다는 마음을 전하거나 나의 질투심에 수미의 마음을 괴롭혀 주고 싶은 마음이었다.

그때 내가 유언장도 없이 죽었더라면 경찰에서나 나의 친구들까지도 나의 심리 상태를 제대로 이해한 이가 있었을까 싶다. 아마도 그 사건은 실족사로 처리되었을 것이다.

이와 같은 것들을 정리해 보면 심리적 측면에서 다양한 매카니즘의 작용에 따라 자살이라는 행동으로 옮기게 됨을 알 수 있다.

사춘기의 청소년들이나 노년기의 노인들이 외로움을 이기지 못해 극단적 선택을 할 때 이를 '고독 자살'이라고 할 수 있을 것이다. 고독 자살처럼 심리적 또는 감정적 작용이 동기가 된 자살을 통틀어 '감정적 자살'이라고 할 수 있다.

2) 이성적(계산적) 자살

과거 노무현 대통령의 자살이나 박원순 서울시장의 자살의 경우도 고도의 계산된 자살이며 이성적 자살이라고 할 것이다. 두 사람의 공통된 특징은 변호사 출신이라는 점이다.

법률에 박식한 그들의 입장에서 자신이 처한 난처한 상황을 벗어나고 자신의 가족들을 지키면서 자신의 명예까지도 지키는 유일한 방법이 자살이라고 판단한 것이다.

어떠한 피의자라도 피의자가 사망할 때 그 사건 자체가 공소권 없음이 되고, 검사로부터 증거 수집을 비롯한 더 이상의 수사를 진행할 수 없음을 알고 있었기 때문에 자살이라는 마지막 카드를 사용한 것이다. 이들에게 있어서 자살은 이성적 판단하에 선택한 최선의 것이다.

3) 타의에 의한 자살(강요된 자살)

1940년대의 2차 세계대전을 통해 각 나라의 수많은 병사가 죽음을 맞게 되는데 그중 전장에서 가장 많은 자살률을 기록한 나라는 일본일 것이다.

일본인들의 급진적인 사무라이 정신은 남의 생명을 빼앗는 것도 쉽게 생각하지만 자신의 생명을 버리는 것도 쉽게 생각한다. 일본인들은 천황을 신적인 존재로 여기기에 자신의 목숨을 천황을 위해서라면 기꺼이 내어 던지며 그렇게 하는 것을 자랑스럽게 생각한다.

그런데 일본군의 지휘관들은 일본군대의 패색이 짙어갈 무렵 어린 사병들에게까지 자결을 명령하였고 수많은 군인이 할복, 투신, 자폭 등으로 자신의 생명을 아무런 의미 없이 내버려야만 했다.

과거 우리나라의 왕조 시대의 범죄자가 어명으로 내려진 사약(死藥)을 받아 그 사약을 자신이 직접 마셔야 했다면 은밀히 이것도 자살을 강요받은 것과 같다.

'타의에 의한 자살'의 범주 안에 들어가야 할 중요한 한 가지가 더 있는데 그것은 바로 귀신에 의해 행해지는 자살이라는 것이다.

요한복음 10장 10절에 예수님께서 알려 주시는 마귀의 존재는 죽이고 멸망시키려는 목적을 가진 존재이다.

마귀가 사람들을 죽게 하는 방법은 다양한데 그중 한 가지가 자살이다. 그런데 정작 그 자살자는 자신의 의지와 상관없이 자살자가 되어 버리는 경우가 있는 것이다.

나의 할머니는 자살로 생을 마감하셨다. 할머니는 너무나도 불쌍한 삶을 사셨다. 16살의 나이에 사별 후 혼자가 되신 우리 할아버지에게(35세) 시집을 온 것이다.

그리고 7명의 자녀들을 낳았다. 한때 홍역으로 우리나라에서는 많은 아이가 죽어 갔다고 한다. 그러다가 어느 한 달 동안 세 명의 아이를 한꺼번에 잃으셨다고 한다.

바닷가에 파래를 채취하러 나가셨는데 바다 쪽에서 "엄마" 하는 아이들의 울음소리가 들려온다고 하더니 그 길로 정신이상자처럼 되셨다고 한다. 그리고 농약 한 사발을 마시고는 돌아가셨다고 한다.

구사일생이란 말처럼 7명의 자녀들 가운데 우리 아버지만 끝까지 살아남으셨고 아버지는 80세로 소천하셨던 것이다.

귀신들의 활동 목표는 사람들을 죽음으로 끌고 가는 것이다. 진학에 실패하게 만들고, 사업에 실패하게 만들고, 결혼에도 실패하게 만들면서 삶의 의욕을 무력화시키고 자살을 부추긴다. 그리고 귀신은 사람을 우울하게 하고, 병들게 하고 망하게 한다.

일반 의사나 심리학자가 이해하지 못하는 부분은 영적 부분이다. 경험적으로나, 통계학적으로 발표되지 않는 내용에 대해서는 학습할 수가 없기 때문이다.

지금이나 예전이나 우리의 주변에는 납득할 수 없는 자살이야기가 넘쳐난다.

내가 태어났던 경남 고성군 마암면에도 전래되어 오는 자살이야기가 있다. 우리 동네에서 가까운 곳에 저수지가 있는데 그 저수지에는 몇 년에 한 번씩 자살하는 사람이 있다는 것이다.

다음은 할아버지께 들은 이야기이다.

해가 저물고 어둠이 짙게 내리는 밤 시간에 배둔 5일장에 다녀오시던 할아버지는 몇 잔의 술을 드셨기에 기분이 적당히 좋은 상태로 집으로 돌아오시던 길이었다.

그런데 누군가 앞에서 걸어가는 것을 발견하고는 누군지 확인하려고 걸음을 재촉했다. 그런데 그 사람이 갑자기 길을 벗어나 저수지가 있는 쪽으로 가기 시작했다.

할아버지가 판단해 볼 때 그 쪽은 동네가 없었기에 이상하다 싶어 앞서 가던 사람을 따라가셨다. 앞서 가던 사람은 저수지 안으로 걸어 들어가는 것을 발견하고는 급히 저수지로 들어가서 그의 뒷덜미를 붙잡으셨다.

알고 보니 그분은 윗 동네에 사시던 분이었고 할아버지에게 형님뻘 되시는 분이었다.

"아니 형님, 왜 저수지로 들어가십니까?"

그분의 대답은 전혀 엉뚱했다.

"방금 그 여자 어디 갔어?"

내막을 들어본즉 장에 갔다가 돌아오는데 예쁜 여자가 자기의 손을 잡아 끌며 "서방님, 빨리 집으로 가요" 하며 자신을 끌고 가는데 자신도 모르게 그 여인을 따라가는 길이었다고 한다.

이 일이 약 한 세기 전에 일어난 일이었다고 쳐도 그것은 옛날이야기로 무시해 버릴수가 없다.

지금도 세계 곳곳에서 이와 유사한 일들이 일어나고 있지 않겠는가?

만약 그런 일이 일어난다면 현대 의사나, 심리학자, 자살 전문가라고 해도 그 죽음의 이유를 어떻게 해석할까?

궁금해진다.

4) 선택적 자살

'맛사다 항전'에 대한 이야기를 들어 보았을 것이다. AD 70년경 침략자 로마군에 대항한 유대인(열심당)들이 그들의 가족 960명을 데리고 이 이스라엘의 남부 사해 근처에 위치한 맛사다로 피난한다.

로마군에 항전하던 중 결국 로마군에 에워싸인 채 성이 함락되어 모두가 몰살할 위기에 있을 때 유대인들은 스스로 목숨을 끊기로 결정하고, 각자 자기 가족을 죽인 후 스스로 목숨을 끊었다는 이야기이다.

이들의 자살은 어떤 면에서 죽음의 방법을 선택한 것이라고 볼 수 있다. 많은 피해를 입었고 오랫동안 고생한 데 분에 가득찬 로마 군인들이 맛사다를 정복했을 때 죽음은 당연한 것이고 그들이 죽이기 전에 자신과 자신의 가족들에게 어떤 극악한 짓을 행할지 아무도 알 수 없을 상황에서 유대인들은 잠깐의 고통으로 자신들의 생명을 끝내기로 결정한 것이었다.

이러한 자살은 노인들이 죽음이라는 도무지 피할 수 없는 운명 앞에서 마지막 순간에 선택하는 안락사와 맥을 같이 한다.

치욕적이고 고통스런 죽음이냐 아니면 평안한 죽음이냐?

이 두 가지 방법밖에 없는 경우에 부득불 선택해야 하는 자살을 말하는 것이다. 어차피 죽을 목숨이라면 어떤 방법으로 죽을 것인가에 대한 '선택적 죽음' 또는 '선택적 자살'이라는 말이다.

앞에서 언급한 이성적 자살이나 '선택적 자살을 생각하는 이들의 대다수는 지금의 현실을 자기 스스로가 극복해야 한다는 압박 속에서 결정하게 된다. 이들에게서 공통적으로 발견되는 결핍은 하나님의 존재에 대한 인식 부재와 '하나님의 도우심'에 대한 믿음의 결핍이다.

맛사다전쟁 역사에서 발견하는 놀라운 사실은 그때 자살하지 않고 굴속에 숨은 몇 명의 사람들은 살아남을 수 있었다는 사실이다.

사람에게는 도무지 살아갈 방법이 없을 때라도 전능하신 하나님에게는 살 수 있는 무한한 방법들이 있다는 사실을 다시 한번 발견하는 좋은 사례가 된다.

5) 희생적 자살

필자는 어떤 이유에서든 자살을 미화할 의도는 없다. 그러나 우리의 주변에는 어떤 공익을 위해 자신의 목숨을 희생하겠다는 생각으로 죽음 앞에 자신의 소중한 목숨을 던지는 의인(義人)들이 있다.

예를 들어, 우리나라의 강재구 소령처럼 자신의 부하들을 살리기 위해 폭발 직전의 수류탄 위에 자신의 몸을 던져 장렬히 사망했는데 이런 죽음도 '희생적 자살'이라고 할 것이다.

오늘날 우리나라에서는 이런 의로운 죽음을 맞은 사람을 의사자로 선정하여 그의 업적을 칭송한다. 몇 년 전에 일어난 세월호사건 속에서 희생적 죽음을 자처했던 세 사람을 의사자로 지정한 예가 있다.

우리나라에서는 의사자로 선정되면 급여의 240배 보상금을 받고, 의료급여 1종 수급자로 지정되어 그 가족들은 교육, 취업 등에서도 혜택을 받으며 의사자의 사후의 시신은 국립묘지에 안장된다고 한다.

신약성경 요한복음 15장 13절을 보면 예수님께서는 제자들에게 이렇게 가르치신다.

> 사람이 친구를 위하여 자기 목숨을 버리면 이보다 더 큰 사랑이 없나니…
> (요 15:13).

여기서 "자기 목숨을 버린다"는 표현에는 자살의 의미가 담겨 있는 것이다.

〈버티칼 리미트〉라는 영화 속에서 아버지는 두 자녀를 살리기 위해 자신의 로프를 자르게 한다. 수십 미터의 허공에서 계곡으로 추락한다면 자신이 죽는다는 것을 너무나도 분명히 알고 있음에도 자녀를 위해서 그렇게 결정한 것이다.

수많은 영화 속에서 주인공을 위해, 또는 사랑하는 자녀를 위해서나 연인을 위해 자신의 목숨을 버리는 모습들은 어렵지 않게 볼 수 있다.

날아오는 총알이나 화살 앞에 자신을 내던지는 일은 자살이다. 전쟁영화에서는 적군이 휘두르는 칼이나 창 앞으로 자신을 던지고, 날아오는 수류탄에 자신의 몸을 던져 산화하는 모습들도 보게 된다.

이 모든 경우도 자살이지만 이러한 자살행동은 많은 사람의 칭찬을 받을 만한 일이다. 예수님은 "가장 큰 사랑의 희생자"라고 칭찬하실 것이다.

예수님은 십자가에 죽으시기 전에 제자들에게 이렇게 말씀하신다.

> 나는 선한 목자라 선한 목자는 양들을 위하여 목숨을 버리거니와 …
> (요 10:11).

여기서 버린다는 표현은 버리지 않을 수도 있다는 것이다.

> 인자가 온 것은 섬김을 받으려 함이 아니라 도리어 섬기려 하고 자기 목숨을 많은 사람의 대속물로 주려 함이니라(마 10:28).

예수님은 자기 목숨을 내어 주셨고, 우리에게는 친구를 위하여 목숨을 버리기를 주저하지 말라고 하시는 것이다.

그래서 기독교인들은 전통적으로 순교를 가장 큰 영광으로 생각했다. '순교'는 다른 말로 '희생적 자살'이요 '거룩한 죽음'이라고 할 수가 있을 것이다.

기독교인들이 죽음을 두려워하지 않는 가장 분명한 이유는 죽음 이후에 부활, 그리고 영원한 영광이 있음을 믿기 때문이다.

> 누구든지 나를 위하여 제 목숨을 잃으면 찾으리라(마 16:25).

이 말씀을 믿고, 나는 목숨을 버려도 내 목숨을 찾아주실 분이 계심을 알기 때문이다.

6) 무의식적 자살(점진적 자살)

앞에서 말한 의식적 자살과 달리 '무의식적인 자살'도 있다. 이 책에서 좀 많이 다루고 싶은 부분이 이 부분이다.

무의식적 자살을 달리 표현하면 '점진적(漸進的) 자살'이라고 해도 될 것이다. '점진적'이란 말의 사전적 의미는 '점점 앞으로 나아간다'는 뜻이다. 그러므로 점진적 자살이란 말은 '자신의 죽음을 향해 점점 나아간다'는 말이다.

죽음은 한순간에 죽어도 죽음이고 오랜 시간을 두고 천천히 죽어 가도 죽음이다. 마찬가지로 자신의 몸을 천천히 학대하면서 병들게 함으로 죽는 것도 결국은 자살인 것이다.

우리는 보편적인 이해의 관점에서 담배를 피우는 흡연행위를 자살행위라고 이해하지 않는다. 거의 매일같이 습관적으로 술을 마시고 취해서 사는 사람이나, 습관적으로 음주운전을 하는 사람들은 자신의 행위 자체를 자살로 인식하지 않는다.

그러나 전문가의 관점 또는 언론, 그리고 필자의 생각으로는 흡연이나 음주 등 자신의 몸에 위해를 가하는 행위는 천천히 자신의 몸을 죽이는 자살행위라고 말한다.

세밀하게 들여다보면 흡연의 해로움은 심각하리만큼 우리의 생명을 단축시킨다. 하루에 담배 2갑씩 10년을 피우면 우리의 생명이 5년 이상 단축된다고 한다.

10년간 피운 담배는 146,000개비인데 5년을 분으로 계산하면 763,800분인데 담배 한 개비를 피울 때 약 5분의 생명이 단축된다는 계산이 된다. 타르가 몸속에 들어오면 호흡기에 만성염증을 일으키고 폐암, 구강암, 후두암, 식도암, 췌장암, 방광암 등의 다양한 발암성분으로 작용한다.

그 외에도 심혈관질환, 골다공증, 백혈병, 치매에 이르기까지 담배의 타르성분이 우리 몸에 주는 데미지는 이루 헤아릴 수 없을 만큼 많다.

담배 연기의 주성분인 일산화탄소, 이산화탄소, 시안화수소, 암모니아와 질소화합물은 40여 가지 발암물질을 발생시키고, 우리의 체내에서 4,000여 가지 화학 반응을 일으킨다고 한다.

담배만으로도 비 흡연자의 27배의 폐암 발생률을 기록하고, 술과 담배를 같이 하면 암 발생률이 37배나 높아진다는 조사결과가 있다.

그러면 지금부터 자살의 신개념 세계로 들어가 보자.

예를 들어, 어떤 90대의 노인이 갑자기 쓰러져서 병원으로 옮겼는데 췌장암 말기에 암세포가 이미 온 몸으로 전이 되어서 앞으로 1달 정도밖에 살 수 없다는 진단을 받았다. 이 노인이 중환자실에 입원하여 사경을 헤매던 중 입원 29일이 되던 날 의사는 가족들에게 오늘밤을 못 넘길 것 같으니 장례를 준비하라고 통보했다.

그런데 그날 밤에 이 노인이 자신의 침대 옆 창문을 열고 10층에서 뛰어내렸다. 자연수명으로 볼 때 불과 몇 시간을 남겨 둔 시점에 마지막으로 힘을 내 투신자살을 한 것이다.

노인의 몸 상태가 복수는 차올라서 만삭의 여인 같고, 온 몸은 꼬챙이처럼 말랐고, 소변 봉지는 붉은색 핏물로 가득하고, 온 몸에서 시체 냄새가 진동하는 이 노인의 상태는 어느 누가 보아도 산 사람 같지 않은 상태였음에도 이 노인의 최종적 사인은 병사(病死)가 아니라 자살(自殺)인 것이다.

자살이란 80년을 더 살 수 있는 10살짜리 아이의 자살도 자살이고, 자연수명이 몇 분 남지 않은 90대의 암 환자 노인의 자살도 자살인 것이다. 그렇다면 우리는 자살에 대한 정의를 새롭게 해야 할 필요성을 느낀다.

자살이란?

자신의 생명이 단축된다는 사실을 알면서도 자기 자신이 수행하는 행위 자체 모두를 '자살행위'라고 해야 한다는 것이다. 즉, 흡연, 음주, 마약, 지나친 자위행위, 매독 위험이 높은 창녀와의 매음, 수간(獸姦), 무서운 에이즈라는 질병을 유발시키는 동성 간의 성행위도 자살행위인 것이며 건강을 해치는 중노동까지도 자살행위이고 더 나아가서는 폭식을 하는 행위도 자살행위이다.

더 은밀히 말하자면 모든 것을 비관적으로 생각하고 "내가 죽어야지", "죽어 버리자", "다 때려 치워", "확 OO" 등의 욕설과 저주를 입에 달고 살다가 죽은 사람도 자살한 것이다.

자신의 정신건강을 해치는 사람은 그 육체의 건강도 함께 무너지게 되고 그의 죽음을 재촉하게 되기 때문이다.

그러므로 자살이란 자신의 수명을 자기 스스로가 서서히 단축시키는 행위로부터 급격히 단축시켜 버리는 모든 행위를 자살이라고 보아야 한다는 말이다.

7) 질병적 자살

앞에서 '타의에 의한 자살'을 이야기하며 귀신에 의한 자살을 언급했다.

실제로 귀신은 우리의 정신 세계를 공격한다.

분노, 욕심, 거짓, 음란, 미움 등의 마음을 일으킨다.

갈등, 다툼, 원망, 난폭함 등의 환경을 만들어 낸다.

귀신의 공격을 받은 사람들은 정신적 스트레스로부터 정신질환까지 다양한 질병적 환경과 마주하게 된다.

놀랍게도 정신적 질병을 가진 사람들에게서 심각할 정도로 많은 자살률이 발생한다. 정신분열증을 가진 이들은 정상인들과 비교할 때 자살률이 30배 이상 높다고 한다. 실제로 정신분열병을 가진 사람의 10퍼센트는 자살로 삶을 마감한다고 한다. 정신분열병은 피해망상, 죄책망상, 환청 등으로 고통을 받다가 자살을 실행하게 된다는 것이다.

전 세계적으로 인기를 누리던 이들도 영광스러운 삶을 허무하게도 자살로 마감하고 있다.

위키백과사전에서 자살자들을 검색해 보면 너무나도 유명한 명문가의 사람들, 예쁘고, 멋있고, 잘생기고, 재능 있고, 심지어 어마어마한 재산을 남겨 두고도 자살한 사람들이 넘쳐나고 있다.

그들 중에는 세계적으로 알려진 영화배우, 유명 가수, 정치인, 기업인, 소설가, 모델, 연예인, 평론가, 기타리스트, 운동선수, 심지어 종교인들도 헤아릴 수 없을 정도로 자살로 생을 마감했다.

우리 한국에서만 해도 유명한 가수나 탤런트 등의 연예인들이 수없이 자살자의 반열에 올라 서 있다.

고인이 되신 분들 중에 대표적인 유명인들은 장덕, 서지원, 김광석, 이은주, 장자연, 안재환, 안소진, 유니, 정다빈, 이재찬, 최진실, 최진영, 조성민, 박용하 씨 외에도 한국 최고의 기업 대표들도 자살자의 반열에 올라 있는 것을 본다.

이들이 자살에 이르는 과정을 살펴보면 많은 사람이 우울증이나 대인기피증이나 불안장애를 가졌었다.

우울증이나 공황장애 등을 가리켜 "마음의 질병"이라고 한다. 그리고 우울증이나 공황장애등을 가리켜 "죽음에 이르는 병"이라고 한다.

대부분의 사람은 이들의 자살을 자살이라고 하고, 종교계에서는 죄악이라고 정죄하는 분위기이다.

그러나 이들의 자살은 죽음에 이르는 병으로 말미암은 사망이라고 해야 할 것이다. 그러므로 '질병적 자살'이라는 말은 '질병적 사망'이라는 말로 바꾸어도 될 것 같다.

병들어 죽는 것을 '병사'(病死)라고 한다. 우울증으로 인한 자살, 공황장애로 인한 자살, 정신과적 질환이 원인이 된 모든 종류의 자살은 '질병적 자살'이라고 함이 옳다는 말이다.

노인의 경우에도 일반인보다 치매노인의 자살률은 월등하게 높다.

치매노인의 자살을 두고 비난할 수 있겠는가?

지매노인의 자살을 죄라고 할까?

질병이라고 해야 함이 옳다.

마찬가지로, 우울증을 비롯한 정신과적 원인으로 자살하는 모든 사람의 자살은 죄가 아니라 '질병'으로 이해되어야 한다.

5. 자살의 원인과 과정

1) 자살의 원인

(1) 삶의 고통이 자살을 부른다

삶을 이어 가는 우리들에게 심리적(마음의) 고통, 아니면 육체적 고통이 죽음을 부른다는 말이다. 즐거워야 할 인간의 삶이 즐거움보다 고통이 커져 갈 때 사람은 죽음을 생각하게 된다.

톨스토이의 책 『안나 카레니나』에 나오는 한 내용, 즉 "심리통, 그 견딜 수 없는 마음의 고통에 대하여"처럼 마음의 고통이 자살을 부른다는 것이다.

육체적 통증이든 아니면 심리적 통증이건 간에 그 고통이 감당할 수 없을 만큼 커져 간다면 사람은 누구든 자연스럽게 죽음을 생각할 수밖에 없는 것이다.

'안락사'라는 말의 원 뜻은 고통스러운 삶을 청산하는 평안한 죽음이라는 뜻인 것처럼, 고통스러운 삶을 살아가는 사람은 고통을 끝내고 싶어 하는 본능에 이끌려 자살을 선택하기도 한다는 것이다.

(2) 삶의 무기력함이 죽음을 부른다

상실을 원하는 사람은 없을 것이다. 그러나 우리의 인생 여정 속에는 수많은 상실이 기다리고 있다.

사랑하는 가족을 잃어버렸을 때의 상실감은 말로 표현할 수가 없을 정도로 크나큰 상실감을 느끼는 순간이다.

버지니아 울프로 알려진 애들린 버지니아 스티븐의 정신질환(양극성 장애/조울증)이 그의 어머니의 죽음으로부터 시작되었다는 사실을 보아도 상실의 충격은 너무나도 큰 고통인 것이다.

큰 금액의 돈이나, 내가 가장 아끼는 물건을 잃어버렸을 때의 상실감도 오랫동안의 고통이 될 수도 있다. 무기력하다는 말은 의욕을 상실했다는 말과 같다. 밥맛이 없을 때를 식욕 상실 상태라고 한다. 성욕이 없을 때를 성욕 상실 상태라고 한다. 다른 말로는 성적 무기력증이라고 할 수도 있을 것이다.

이처럼 삶이 무기력하고 의욕을 상실하면 사람은 죽음과 자살을 생각하게 되는 것이다.

(3) 자신을 향한 미움이 자살을 부른다

누군가를 죽인 살인자들의 범죄의 출발은 상대방을 향한 미움에서 비롯된 예가 많을 것이다. 간혹 국가나 사회를 향한 불만에서 시작된 폭력적 행위로 불특정의 사람이 목숨을 잃는 일들도 있지만 말이다.

이와 마찬가지로 자살행위의 출발은 자신을 향한 미움의 결과일 수 있다. 무능한 자신, 어리석은 자신, 조급한 자신, 무례한 자신에 대한 감정의 마지막 표현이라는 말이다.

필자의 젊은 시절 경험한 일이 생각난다.

어느 날 나는 내 방에서 씩씩거리며 주먹을 휘두르고 있었다. 주먹을 불끈 쥐고는 사정없이 내 입을 때렸다. 그때마다 내 몸은 뒤로 벌렁 넘어졌고 다시 일어나서는 주먹을 휘둘러 내 입을 때렸고 나는 또다시 뒤로 나자빠졌다. 몇 차례를 그렇게 하자 내 입술은 풍선처럼 퉁퉁 부어올랐다.

신학생들이 모여서 대화하던 중 누군가에 대해 험담을 했는데 아차 싶어 말을 멈추기는 했지만 남을 험담한 일이 부끄러워 기숙사 방에 돌아와서는 내 주먹으로 나의 입을 때렸던 것이다.

이와 같이 우리의 어떤 실수나 잘못된 행위가 누군가에게 큰 피해를 주었을 때 나 자신을 향한 미움과 분노가 결국은 자살로 이어질 수 있다는 것이다.

『벨자』(The Bell Jar)라는 책의 저자인 실비아 플라스(1932-1963)는 실제로 30대 초반의 나이에 오븐에 머리를 넣고 가스를 들이마셔 스스로 자살했다.

그녀의 자살의 직접적 원인은 시인이자 남편이었던 테드 휴즈의 외도에서 비롯되었다고 알려져 있지만 깊이 들여다볼 때 천재라고 여겼던 자신이지만 남편 하나 제대로 단속하지 못했다는 후회감과 자신을 향한 미움이 죽음의 원인이라고 여기는 이유이다.

(4) 우울증은 죽음에 이르는 병이다

흔히 "마음의 감기"라고 불리는 우울증은 우리에게 생소한 단어가 아니다. 전 세계인들 중에 4.5퍼센트 정도가 우울증 환자라고 하니 말이다. 그러면서도 우울증에 대한 심각한 경계심을 가져야 하는 이유는 자살자들의 90퍼센트가 우울증의 과정을 거치기 때문이다.

우울증에 대한 대표적인 책 가운데 하나인 『한낮의 우울』(The Noonday Demon: An Atlas of Depression)이란 책은 지난 20년간 우울증에 대한 최고의 베스트셀러로 알려진 앤드류 솔로몬의 대표작이다.

그의 책은 이런 문장으로 시작한다.

> 우울은 사랑이 지닌 결함이다.

『한낮의 우울』이란 책의 제목에서 느낄 수 있는 것처럼 우울이란 외부적 환경보다도 내면의 심리 상태가 더 큰 영향력을 행사한다는 사실을 알 수 있다.

2) 자살의 이유들

『왜 사람들은 자살하는가?』(Why People Die by Suicide?)라는 책은 자살학의 대가 토머스 조이너의 문제작이다.

토머스 조이너는 프린스턴대학교에서 심리학을 전공하고 유망한 심리학자의 길을 택했다. 그러나 그가 대학원생 시절에 그의 아버지는 자살로 삶을 마감했다.

갑자기 닥친 엄청난 사건 앞에서 그는 죄책감과 그리움 그리고 자신의 가족에게 쏟아지는 숱한 편견과 맞서야 했다. 더욱더 당황스러운 것은 심리학자인 자신이 공부하고 이해하는 여러 가지의 자살이론이 있었지만 그 무엇도 아버지의 자살을 온전히 설명하지 못했다는 것이다.

그의 아버지는 남들이 보기에는 30대 중반에 이미 성공한 남자였다. 남부럽지 않은 돈과 명예를 얻었고, 미모의 아내와 믿음직한 두 아이를 둔 가장이었다.

모든 면에 있어서 부족함이 없어 보였던 그는 왜 새벽녘 이른 시간에 집을 떠나 죽음의 세계로 걸어간 것일까?

아버지가 선택한 자살의 의문을 풀고자 했던 토머스 조이너는 지금까지의 자살이론에 매이지 않고 임상현장을 드나들며 새로운 자살학의 이론을 위해 동분서주했다.

그는 결국 그만의 해답을 찾아낸다. 그리고 십수 년간 연구한 결과물로 『왜 사람들은 자살하는가?』라는 책을 내게 된 것이다.

토머스 조이너의 책 내용 중 자살의 과정을 정리해 보면 다음과 같다.

첫째, 자해로부터 시작하여 자살에 대한 대담성으로 발전한다.
둘째, 자신의 존재의 무능에 대한 실망감, 소외감이 있다.
셋째, 주변인들에게 짐이 되지 않으려는 마지막 배려심이 있다.

사람들은 왜 자살을 할까?
이 문제는 결코 한두 마디의 말로 간단히 대답할 만한 주제가 아니다.
몇 가지 주제로 자살 원인을 살펴보면, 분노, 회의감, 두려움, 죄책감, 극심한 좌절(상실)감, 정신질환, 우울감 등이 있다.

제2장

내가 경험한 자살

1. 자살자의 심리와 자살의 동기 이해

　자살자들의 심리는 쉽게 다룰 수 없는 부분이다. 상담이나 심리를 전공했다는 이들도 자살자들의 심리 이해에 있어서 다소 편협한 시각을 갖고 있다고 생각한다.
　그것은 자살자에 대한 선입견이 '심각함'이라는 관점에서 시작하기 때문이다. '심각한 우울증', '심각한 가정파탄', '심각한 경제적 곤란', '심각한 환경' 등.
　자살자의 심리를 단순히 학문적 지식으로만 이해하기 어렵다는 것은 각 사람이 자살 충동을 느끼는 환경이 다르기 때문이다.
　필자가 중요하게 언급하고자 하는 부분은 심각하지 않은 상태에서도 자살은 '평범한 일상'처럼 일어날 수도 있기 때문이다.
　필자는 23살이던 1985년에 자살을 시도한 적이 있다. 흔히 자살하는 사람들에게는 심각한 이유가 있으리라고 생각하지만 나의 자살 시도는 너무나도 평범한 일상 속에서 일어난 일이었다.
　그날은 나의 월급날이었다.
　평소와 같이 출근하여 일을 마쳤고 30만 원 정도되는 월급봉투를 주머니에 넣고 회사 상무님과 소주 두 병을 나누어 마시고 집으로 돌아오는 길이었다.

　호주머니에 돈이 있어서 그랬는지 몰라도 부산 서면에서 35번 버스를 타고 남부민동 집으로 돌아오다가 별 생각 없이 남포동에 내렸다.

　그리고 걸어서 남포동의 번화가를 지나가는데 고등학생으로 보이는 여자아이가 내 곁으로 급히 뛰어오면서 "오빠! 제 핸드백 좀 뺏어 주세요"라며 다급하게 소리쳤고 핸드백을 들고 뛰어가고 있는 10대 후반의 낯선 남자를 손짓으로 가리켰다.

　나는 본능적으로 달아나는 그 남자를 뒤쫓기 시작했다.

　5분이나 정신없이 달렸을까 남포동의 육교 아래 쯤에서 그 남자를 붙잡았고 핸드백을 빼앗아 그 여자애한테 돌려주었다.

　그런데 그곳엔 남자애 혼자가 아닌 그의 여럿 친구들과 또 다른 여자애들도 함께 있었다. 위험을 무릅 쓰고 숨 가쁘게 달려서 핸드백을 도로 뺏었지만 그 남자애와 친구들이 "너는 뭐야?" 하며 살벌한 눈빛으로 노려보며 시비를 걸어 왔다.

　그때 상황이 조금 심각해지는 분위기에 놀랐는지 핸드백 주인인 여자애가 나에게 "죄송해요. 사실은 장난이었어요"라고 말하는 것이 아닌가. 알고 보니 그들은 모두가 한패였고 핸드백을 가지고 달아난 것도 장난으로 한 짓임을 나중에야 깨닫게 되었던 것이다.

　그야말로 모처럼 영웅심을 발휘했는데 아이들의 장난에 속았다고 생각하니 수치심에 후회하며 그곳을 떠나 집으로 향했다. 그런데 그 여자애가 "오빠 진짜 미안해요" 하며 따라오는 것이었다.

　전혀 모르는 나를 속여 골탕 먹이기는 했지만 자신을 도우려 했던 진심 어린 행동에 미안한 마음이 들었나 보다.

그런 속내를 알아챈 나는 그 여자애에게 진정 어린 충고를 하고 있었다.

"너 학생이지?

학생이 불량한 친구들과 어울려 다니면 안 되지. 사람이 말이야 하루를 살더라도 바르게 살아야 한다.

알았지?"

그리고 호주머니 속에 있던 월급봉투를 통째로 내어 주었다.

"이게 뭐예요?"

깜짝 놀라는 그 여자애에게 "나쁜 친구들이랑 어울리지 말고 열심히 공부해"라고 말하고 그곳을 떠나왔다.

불우한 청소년을 도왔다는 생각이었을까?

아니면 불량 청소년을 타이르고 왔다는 뿌듯한 자부심이었을까?

충무동에서 약 20분을 걸어서 산동네라고 하는 남부민동 집으로 올라가는 동안 내 입술은 혼잣말로 "하루를 살아도 바르게 살아야 돼"라고 계속 되뇌었고 나의 얼굴은 무엇이라 말할 수 없는 어떠한 자부심으로 미소 짓고 있었다.

집 앞에 도착했을 때는 밤 12시를 조금 넘긴 시간이었다. 집에 들어가면 부모님으로부터 늦게 들어온다고 꾸중을 들을 것 같기도 하고, 술에 취한 채 집에 들어가기도 뭐해서 집 앞 도로의 한 뼘 남짓한 콘크리트 가드레일 위에 누워 하늘의 반짝이는 별들을 바라보고 있었다.

이처럼 무한히 펼쳐진 하늘의 별들을 바라보다가 조금만 아래로 시선을 돌리면 남포동 거리의 화려한 불빛이 보였다. 불과 한 시간 전에 일어났던 남포동 거리에서의 추격전이 생각났다. 하얀 피부의 예뻤던 여고생의 예상치 못한 거짓말은 충격과 실망감으로 다가왔고 내 귓가에는 "정말 죄송해요", "이 돈을 왜 제게 주세요?", "감사합니다"라는 여자애의 목소리가 들려오는 듯했다.

그런데 그 순간 갑자기 무언가 허전한 마음이 들면서 세상을 살아가는 것에 대한 삶의 회의감이 나를 에워싸기 시작했다.

고작 해 봐야 20년 남짓 살아온 내가 세상의 어두운 민낯을 보면서 모든 것을 다 깨달은 느낌이랄까?

백옥같이 하얀 피부를 가진 예쁜 여고생의 거짓말과 그의 친구들의 행동을 생각하니 사람들에 대한 고상한 기대감이 상실과 배신감으로 다가왔고 갑자기 허무함이 나를 지배하면서 내 안에 우울한 생각들로 가득 차기 시작했다.

밤 12시가 넘도록 나이트클럽에는 사람들로 넘쳐났고 남포동거리의 수많은 인파가 오가는 이 세상을 생각하며 나는 이상한 마음을 가졌다.

'나 하나쯤이야 없어진다고 해도 이 세상은 여전히 잘 돌아갈 거야. 그리고 나 하나 죽었다고 해서 그 누구도 그다지 안타까워하지 않을 거야.

혹시 제일 친한 친구인 운기는 울어 주겠지?'

이런 생각들로 점점 빠져들고 있었다.

앞날이 천리만리인 꿈 많은 젊은이였던 내가 자살을 시도할 때 나이는 23세였다. 지금 와서 생각해 보니 그때 만일 내가 죽었다면 그 자살은 '고독 자살'이라고 할 수 있다.

어릴 때부터 우리 일곱 식구 중에 나 혼자 교회를 다녔는데 너무나도 강하게 반대하고 핍박했던 아버지뿐만 아니라 어머니, 형, 그리고 세 명의 동생들도 내가 확신하는 '신앙의 소중함'을 이해하지 못했다.

15살 되던 해에 아버지는 내게 식칼을 들이대며 교회를 계속 다니면 죽이겠다고 협박하셨다.

"내가 너의 아버지냐 아니면 하나님이 네 아버지냐?"

윽박지르는 아버지를 향해 "아버지는 버려도 하나님은 못 버립니다"라고 외치며 맞서다 죽을 뻔했었다.

그러나 이때 나는 생명보다 소중히 여겼던 신앙도 버리고 교회에 발길을 끊은 지 4년째 돼 가고 있었다. 그러다 보니 너무나도 정겹던 목사님과 성도님들 그리고 학생회의 형제, 자매들과의 관계도 단절되어 있었다.

직장에서는 공장장 직함을 가지고는 있었으나 일에 대해서 별로 만족도가 없었다. 친구들은 고등학교를 졸업하고 대학을 간다는 놈, 군대를 간다는 놈, 직장을 잡아 서울로 간다는 놈 등이 있었고 그때에 나를 찾아오는 친구는 대부분 '백수'들이고 술이나 한 잔 먹고 같이 놀자는 이들이지 인생의 깊은 이야기를 나눌 만한 친구는 없었다.

가족들에게도 나는 불필요한 존재였다. 그 당시를 회상해 보면 하루가 멀다 하고 술에 취해 집에 들어오던 나는 우리 가족들조차도 꺼려하는 존재였던 것이다.

이 세상에 내 편이 아무도 없다고 생각하니 외로움과 허탈감이 밀려왔고 삶에 대한 회의로 부정적인 생각들이 강하게 다가왔다.

그 순간 아래를 내려다보았다. 깊은 밤 가로등의 불빛조차 미치지 못하는 그곳은 그 바닥의 끝이 보이지 않아 그 깊이를 가늠할 수가 없었다.

그때 죽음이 구체적으로 나에게 성큼 다가왔다. 내 몸을 오른쪽으로 굴리면 1미터 남짓한 아스팔트 도로 위에 떨어지겠지만 왼쪽으로 한 바퀴만 굴리면 낭떠러지로 곤두질해 끝을 알 수 없는 바닥에 머리가 깨져 죽을 수 있다는 생각이 들었다. 그리고 주저 없이 왼쪽으로 몸을 굴렸다.

2. 자살 순간의 찰라적 회개

몸을 왼쪽으로 굴리는 순간 내 왼쪽 어깨와 등은 네모진 가드레일의 모서리를 거칠게 스치면서 도로 곁 벼랑으로 순식간에 굴러 떨어졌다.

나중에야 안 사실이지만 그 높이는 7미터 정도였고 그 아래는 차가운 콘크리트 바닥이었다.

그런데 그때 나는 놀라운 경험을 했다.

내 몸이 허공에 던져지는 순간 내 입에서, 아니 나의 영은 이렇게 기도하는 것이었다.

"하나님, 내 영혼을 지옥에 버리지 말아 주십시오."

지금 내 나이 60이 되어, 성경을 깊이 있게 읽고 충분히 이해하기에 그때, 죽음 직전에 외쳤던 그 한마디까지도 성령의 도우심이 있었다는 것을 부인할 수 없다.

예수님이 십자가에서 죽으시기 전에 일곱 마디 말씀을 하시고 죽으셨기에 이 말씀들을 '가상칠언'이라고 한다.

가상칠언 가운데 마지막 일곱 번째 말씀은 누가복음 23장 46절에 기록된 대로 "아버지여 내 영혼을 아버지 손에 부탁하나이다"라는 외침이었다.

예수님은 하나님의 아들이시면서 죄 없는 자신을 외면하시는 아버지의 선택과 계획에 대해 결코 원망하지 않으셨고 마지막 순간 "나의 영혼을 아버지의 손에 부탁드립니다" 하시고 숨을 거두셨다.

말씀에서 깨달은 것은 죽은 자의 영혼이 천국과 지옥 중에 어디로 가는지 알 수 있는 중요한 현상이 있는데 천국 가는 사람은 죽음의 순간에 결코 하나님을 원망하거나 저주하지 않는다는 것이다

필자의 마지막 외침이었던 "하나님, 내 영혼을 지옥에 버리지 말아 주십시오"라는 외침은 예수님께서 "나의 영혼을 아버지 하나님께 부탁드립니다"라는 말씀과 일맥상통한 부분이 있다는 것을 알 수 있다.

사실 이 글을 읽는 독자들은 의아하게 생각할 것이다. 수천 미터 상공에서 낙하산을 펼치고 활강하는 것도 아니고 불과 7미터 정도 아래로 떨어지는 동안 무슨 말을 할 수 있느냐고 반문할 것이다.

사실 10미터 높이에서 돌을 떨어뜨려 보면 알겠지만 떨어지는 시간이 1-2초에 불과하다.

그런데 2초도 채 되지 않는 짧은 순간에 무슨 "하.나.님. 내.영.혼.을.지.옥.에.버.리.지.말.아.주.십.시.요"라는 19글자로 기도할 시간이 된단 말인가?

의문을 가질 수도 있을 것이다.

그러나 내가 경험한 그 순간에는 가능했다는 것이다.

그것은 나의 입술과 혀의 움직임으로 말하는 그런 기도가 아니라 나의 평생의 어떤 기도보다도 간절하고 진정성 있는 기도요, 내 영혼의 마지막 외침이었다.

어릴 때부터 교회를 다녔던 나에게는 하나님이 늘 함께하셨고 내가 그토록 방황하며 방탕한 삶을 사는 동안에도 줄곧 내 곁에 계셨던 것 같다.

친구들과 어울려 집단 패싸움을 하며 술에 젖어 살 때도 담배와 대마초를 피우고 마약에 취해 도로 한복판을 히죽거리며 몸을 제대로 가누지 못할 때에도 하나님은 그렇게 내 곁에 아니 내 안에 계셨던 것 같다.

사람이 죽음을 마주하게 되면 무슨 생각을 하게 될까?

특전사 군인들이 처음 낙하산을 메고 뛰어내릴 때 "어머니-" 라고 소리치며 뛴다는 말을 들은 적이 있다.

보편적으로 각 가정에서 자식들에게 그 누구보다도 애정을 주시는 분은 어머니이다. 나 역시 우리 가족 중에 가장 고맙고 사랑하는 사람을 택하라면 어머니이다.

그런데 죽음 앞에서도 사랑하는 어머니조차 생각나지 않았다. 오직 나의 영혼을 판단하시고 심판하실 하나님, 한 영혼의 천국행, 지옥행을 결정하시는 하나님 한 분만이 또렷이 떠오르는 것이었다.

그래서 내가 죽음을 향해 몸을 던졌던 그 찰나에 "어머니"가 아니라 "하나님"이 터져 나왔으리라 생각한다.

그런데 나의 자살 이야기는 이렇게 단순하게 끝나지 않는다.

내 몸이 콘크리트 가드레일의 모서리를 벗어나려는 그 짧은 순간에 나의 영혼이 "하나님 …" 하며 하나님을 간절히 찾았고 그 찰나에 내 눈 앞에는 거대한 스크린이 펼쳐졌다. 마치 KTX를 타고 갈 때 창밖의 시골 풍경이 순식간에 지나가는 것처럼 굉장히 빠른 속도로 지금까지 살아온 날들이 스쳐갔다.

그 사이에 내 몸은 공중으로 던져졌고 그 순간 위로부터 거대한 두 손이 순식간에 쑤욱 내려오더니 내 몸을 받아 땅 위에 사뿐히 내려놓는 것이 아닌가!

낙엽처럼 가볍다고 느꼈던 내 몸은 푸른 하늘의 하얀 뭉게구름 속에 또는 세상에서 가장 깨끗하고 포근한 거대한 솜뭉치 위에 살포시 내려앉은 기분이었다. 그리고 그 이후의 기억은 더 이상 남아 있지 않다.

기절한 것이 아니었을까?

약 두세 시간이 지난 후인 새벽 3시경 나는 정신을 차리고 눈을 떴다.

그런데 앞이 제대로 보이지 않았다. 그저 깜깜하기만 했다. 눈을 뜨긴 했지만 아무것도 보이지 않으니 그때에 가장 먼저 떠오른 것은 '여기가 지옥인가? 내가 지옥에 온 건가?' 하는 생각이었다.

서서히 시간이 지나면서 왼쪽 눈만 희미하게 보여 주변을 살펴보았다. 바닥이나 주변은 보이지 않았지만 나의 두 손은 희미하게 보였다.

그래서 두 손을 들고 주먹을 쥐었다 펴기를 반복해 보았다. 그런데 두 손에서 뭔가 끈적끈적한 느낌의 알 수 없는 액체들이 뚝뚝 떨어지며 흘러내리는 것이었다. 피였다.

나의 오른쪽 눈언저리는 지금도 알아볼 만한 흉터가 남아 있고 눈두덩이를 만져 보면 깨어져서 우둘투둘 하다. 당시 바닥으로 떨어지면서 무거운 머리 쪽이 먼저 떨어졌고 얼굴의 오른쪽 눈 부위가 가장 먼저 바닥에 강하게 부딪친 것 같다.

그리고 기절을 한 채 엎어져 있는 동안 깨진 머리에서 흘러나온 피는 얼굴에서부터 두 손과 콤비의 윗도리는 물론 바지의 허벅

지까지 붉은 선혈로 흠뻑 적셔졌다. 앞에서 보면 위아래가 붉은색 콤비로 뒤에서 보면 베이지색 콤비처럼 보였을 것이다.

　겨우 정신을 차리고 비틀거리며 골목길을 간신히 걸어올라 집 대문 앞에 도착했다. 이른 새벽 시간인데 대문은 그때까지 열려 있었고 방문은 잠겨 있었다.

　방문 앞에서 문을 두드리며 어머니를 불렀다. 잠시 후 방안의 불이 켜지고 어머니가 눈을 비비시며 나오셨다. 그리고 습관대로 말씀하셨다.

　"와 이리 늦게 오노?"

　문을 열고 나오시던 어머니는 내 모습을 본 순간 비명을 지르며 뒤로 벌렁 나자빠지셨다. 내 모습에 너무나 놀라셨던 것이다.

　그 소란 중에 아버지가 화를 내시면서 벌떡 일어나셨다.

　"와이라노? 지금이 몇신데?"

　화를 내시다가 내 모습과 쓰러지신 어머니를 보시더니 놀란 듯 눈이 휘둥그래져 할 말을 잊은 채 멍하니 쳐다보기만 하셨다.

　분명히 아침에 출근할 때는 베이지색 콤비를 입고 출근했는데 새벽 3시에 집으로 들어온 아들이 머리에서 바짓단까지 온통 붉은색 피로 범벅이 되어 나타났으니 사람인지 귀신인지 분간이 안 가는 처참한 모습은 두 분에게 큰 충격이었던 것이다.

　머리가 깨져 흘러나온 피는 보통 사람들의 피와는 달라 보였다.

　무언가 더욱 검붉고 진한 피라고 할까?

　그렇게 피를 흘리며 몇 시간을 기절해 있다가 집으로 왔으니 피가 엉기고 말라 붙어 있었고 머리카락까지도 피딱지가 굳어져서 새집을 지었으니 가히 볼 만한 모습이었을 것이다.

정신을 차리신 어머니가 "안 죽고 살아 왔으니끼 됐다" 하시며 옷을 벗기고 목욕을 도와주신 기억이 있다.

그때를 상기하면 지금도 풀리지 않는 의문이 있다.

내가 떨어졌던 그 순간, 순식간에 하늘에서 큰 손이 내려와 나를 받아 주었는데 … 분명히 받아 주셨는데 나의 얼굴은 피투성이가 되어 있다니 ….

내가 죽지 않을 만큼 살짝 받아주신 건가?

아니면 그 모든 현상은 실제였을까 아니면 환상이었을까?

나중에 천국 가면 하나님께 여쭤 봐야 할 것 같다.

죽음 직전에 보게 되는 신비한 현상들에 대해 성경의 예 한 가지만 찾아보면 최초의 순교자였던 스데반이 죽을 때 그 순간의 기록에서 찾을 수 있다.

영어로 스티븐(Steven)이라는 이름은 미국인들이 좋아하는 이름이다. 헬라어로 스테파누스의 뜻은 '면류관'이란 뜻이다.

사도행전에 소개되는 초대 교회의 일곱 집사 중 한 사람인 스데반은 돌에 맞아 순교하는데 그는 죽음 직전에 놀라운 일을 경험한다. 하늘이 열리고 예수님이 하나님 우편에 서신 것을 보게 된 것이다.

그것이 환상인지 실제로 본 것인지는 본인 외에는 알 수 없는 일이다.

3. 기독교에서 자살하면 지옥 간다는 이유

1) 자살은 곧 살인이며, 살인 중에 가장 나쁜 살인이다

이렇게 해석하는 사람들이 많이 있다.
그러나 필자는 이 말에 절대 동의할 수 없다.
자기가 죽고 싶어 죽는다는 상황과 죽기 싫다는 사람을 강제로 죽이는 경우라면 후자의 경우가 훨씬 나쁜 살인이라고 생각하기 때문이다.

2) 자살하면 회개할 수 없기 때문에 지옥에 간다

전통적이고 보수적인 사람일수록 자살을 죄악시한다.
그리고 자살자는 회개하지 못하고 죽기 때문에 지옥 간다고 설명한다.
이렇게 주장하는 성경적 근거로 대표적 성경 구절이 신약성경 히브리서 12장 17절이다.
자살하면 회개할 시간적 여유가 없다는 것이다.
기독교 구원론의 핵심은 "예수천국, 불신지옥" 즉 "예수님을 믿으면 천국, 예수님을 믿지 않으면 지옥"인 것이다.
그렇다면 예수님을 믿던 사람이 자살하면 어떻게 되는가?
이 질문에 대한 목회자들의 일반적 생각이나 설명은 답답할 정도로 편협하고 궁색하다.
자살하는 사람은 회개를 못 하기 때문에 믿던 사람이 자살하면 지옥 간다?

가롯 유다에 대해서도 설명할 때에 가롯 유다는 스스로 목을 매어 자살했기 때문에 지옥 갔다고 설명한다.

정말 가롯 유다는 자살했기 때문에 지옥에 갔을까?

절대 주권자이신 예수님께서 가롯 유다의 갈 곳을 결정하시는 것인데 가롯 유다는 시편에 예언된 대로 악인이며 사탄이 그의 오른편에 섰으며 심판대에서 죄인으로 이미 정죄된 자가 아닌가?

인간의 지식이나 과학기술이 극에 달하다 보니 이제는 인간의 이성이 신의 영역을 뛰어넘으려는 시도들을 한다.

어떤 이들은 하나님은 선하신 분이기 때문에 지옥을 만드실 수 없다고 한다.

과연 그럴까?

독자 여러분은 주변 사람들 중에 함께 살고 싶지 않은 사람이 없는가?

연쇄살인범이나 성폭행범, 변태성욕자나 바바리맨 같은 사람, 평생을 사이코패스같이 양심 없이 죄만 짓던 사람이 천국에 간다고 하면 여러분은 그런 천국에 가고 싶은가?

하나님은 모든 사람에게 기회를 주시지만 모든 사람을 구원할 시나리오를 가지신 것이 아니다.

지옥을 지으신 첫 번째 목적은 천상의 반란자 루시퍼(사탄)와 타락한 천사들을 가두어 형벌하는 것(벧후 2:4)이며, 두 번째 목적은 사탄과 결합한 사람들, 독사의 새끼(마 23:33)라고 책망받을 불의한 사람들을 격리시키고 그들을 형벌받게 하는 장소로 만들어 놓으신 것이다.

4. 회개에 필요한 시간?

그렇다면 죄인이 회개하는 데에 최소한 얼마만큼의 시간이 필요할까?

과거 미국의 34대 대통령인 아이젠하워(Dwight David Eisenhower)는 어린 시절에 소문난 악동이었다고 한다. 이를 고민하던 그의 아버지는 아이젠하워가 나쁜 짓을 할 때마다 기둥에 큰 대못을 박으셨다. 몇 해가 지나는 동안 그 못은 수백 개나 되었다.

아이젠하워가 철이 들 무렵 기둥에 흉하게 박혀 있던 녹슨 못들이 자신의 죄의 흔적임을 알게 되었고, 착한 일을 할 때마다 그 못을 하나씩 빼기로 결심하여 수년에 걸쳐 못들을 다 뽑게 되었다는 이야기를 읽은 기억이 있다.

그런데 아이젠하워의 이야기에서 지금까지도 내게 선명히 남아 있는 부분이 있다. 못을 뽑았다는 이야기로 해피 엔딩이 된 것이 아니라 자신의 선행으로 수백 개의 못은 뽑았지만 그 못자국의 흉터는 그대로 있었다는 부분이다.

자신이 지은 죄를 속죄하는 마음으로 죄 지은 만큼 선을 행한다고 해도 못 자국 즉 죄의 흔적은 남아 있더라는 것이다.

그렇다면 우리 기독교인들의 회개는 어떤 회개가 진정한 회개인가?

어떻게 해야 진정한 회개가 되는 것인가?

많은 목사님이 설교를 통해 이렇게 말한다.

"우리의 죄는 예수님께서 십자가에서 흘리신 피로 해결되었습니다. 우리의 죄는 예수님의 대속을 믿고 의지하는 그 믿음으로 해결 받을 수 있습니다."

불신자가 아니라 신자라면 그가 홧김에 범죄를 저지르거나, 실수로 범죄하였다고 해도 선하신 하나님은 넉넉히 회개의 기회를 주실 수 있는 분이다.

신학적으로 회개할 수 없는 죄는 '고범죄'와 '성령훼방죄'라고 하질 않는가?

과거 자신의 간부였던 부대장의 가족 모두를 도끼로 찍어 죽인 고재봉이 회심하여 감방에서 수많은 사람을 전도했고 죽기 직전 찬송을 부르며 천국에서 다시 만나자고 했다는 청송감호소의 박효진 장로의 간증에 눈물로 은혜 받았던 기억들이 있을 것이다.

흉악한 살인마요, 살인공장(?)을 만들어 부자들의 돈을 빼앗고 죽여 인육을 먹었다던 '지존파', 그런데 그들 대부분이 감옥에서 예수님을 믿게 되고 날마다 뼈를 깎는 각성과 성경책을 필사하는 등 눈물 어린 회개의 삶을 살다가 사형 집행 때 기도하며 죽음을 맞았다는 소식들을 들은 대부분의 기독교인은 그들도 구원을 받았을 것이라고 믿는다.

한 사람의 영혼에게 구원이라는 문제는 단순히 탁상공론 식으로 속단하여 판단하기가 쉽지 않다. 구원에 대한 최종 판단은 오직 하나님께서 하실 일이기 때문이다.

예수님은 믿는 자들을 실족시키는 행위에 대해 이렇게 경고하신다.

만약 어느 누구든지 무거운 연자 맷돌을 목에 걸고 바다에 몸을 던진다면 그 맷돌의 무게 때문에 중도에 살아날 확률은 없다. 100퍼센트 성공 가능한 자살인 것이다.

예수님 말씀의 핵심은 나로 인해 다른 사람을 실족시키는 것보다는 내가 지상에서 사라지는 것이 낫다고 말씀하시는 것이다. 이 말씀을 액면 그대로 해석하고 이해한다면 다른 사람을 실족시키고 절망에 빠지게 하는 것보다 차라리 자살하는 편이 낫다는 해석이 가능한 메시지이다.

아무튼 예수님께서 강하게 주장하시는 내용은 남을 실족시키는 것은 자살죄보다도 큰 죄라는 것을 암시한다.

그렇다면 실제로 회개를 하는 데에는 얼마만큼의 시간이 필요하다는 것일까?

필자가 자살을 시도할 당시의 상황은 아마도 일반인들의 상상을 크게 벗어난 결과가 될 것이다.

깎아 지른 절벽과도 같은 구조의 상당한 높이에서 아래를 향해 몸을 던지던 순간 내 눈앞을 스쳐 지나갔던 나의 일생 동안의 파노라마와 같은 사진들, 그리고 나의 내면으로부터 터져 나오던 기도의 내용은 십자가상의 예수님의 기도 내용을 닮은 외침이었다.

"아버지여, 내 영혼을 지옥에 던지지 말아 주십시오!"

이 외침은 내가 기도했다기보다는 성령께서 나의 영혼을 움직여 외치게 하신 기도가 아니었을까 생각한다.

그러면 죄인의 회개기도는 어떻게 드려야 올바를까?

예수님 곁에 함께 달린 죄수는 십자가상에서 예수님으로부터 회개를 인정받고 낙원 즉 천국을 약속 받게 되었다.

누가복음 23장 41-43절을 보자.

이때 예수님은 그 사람을 바라보며 이렇게 말씀하신다.

십자가형에 처해질 만큼 중범죄를 저지른 죄인이 그 죄를 사면 받고 천국에 들어가게 되는 회개의 방법은 생각보다 쉬운 것이었다.

첫째, 자신의 죄를 인정하는 것
둘째, 당연히 죄 값을 치러야 한다는 인식을 가지는 것

예수님으로부터 긍휼과 지지와 축복을 받게 된 이 강도의 과거가 어떠했을지라도 죽음 앞에서는 상당히 양심적인 사람이었다고 여겨진다. 자기 자신이 사형판결을 받는것이 당연하다고 여겼으니 말이다(눅 23:41).

반대편 강도가 십자가에 달린 상태에서도 예수님을 비방하며 조롱하였던 것과 달리 이 강도는 예수님의 행위는 범죄가 아니라고 도리어 변호하는 모습을 볼 수 있었다.

그리고 결정적인 한 가지가 있었으니 그것은 다름이 아니라 예수님께 자신의 영혼을 맡겨 드린 행위였다.

자신의 육체는 형장의 이슬로 사라지겠지만 자신의 영혼은 예수님의 나라에서 함께하고 싶다는 이 고백은 그야말로 강도가 평생에 한 말들 중에 가장 탁월한 한마디가 되었다.

왜냐하면 예수님께서 그에게 파격적인 선언을 하셨기 때문이다.

5. 올바른 회개기도 방법

1) 성도들의 일반적 회개 방법

죄인인 내가 이해하기로는 기독교인들에게는 다양한 회개의 방법들이 있는데 압축하면 다음과 같다.

첫째, 금식기도
둘째, 회개 예물을 드리는 것
셋째, 자신의 죄를 고백하며 기도하는 것

2) 올바른 회개기도

(1) 진정성과 간절성이 담긴 기도

살인자와 같은 흉악범들이 재판을 앞두고 자신의 형량을 낮추기 위해 재판장에게 반성문을 장황하게 쓰는 경우가 있다. 한 번에 수십 통의 반성문을 쓰는 그들은 다시는 죄를 짓지 않을 테니 제발 한 번만 용서해 달라면서 밤을 새우며 편지를 쓴다.

그런데 이 반성문을 쓰는 이들 중에는 변호사 또는 주변인들의 권유에 의해 형식적으로 쓰는 경우도 많다.

반면 반성문 한 장 쓰지 못했지만 자신이 저지른 범죄로 희생된 사람은 물론 그의 가족들이 받는 고통을 생각하며 감히 얼굴을 들지 못하고 판사 앞에서 "판사님, 저를 제발 죽여 주십시오" 하고 애원하는 사람이 있다면 판사는 어떤 마음일까?

둘 중 어떤 사람에게 판사는 자비를 베풀고 싶을까?

내가 판사라면 반성문을 통해 자신의 형량을 낮추려고 잔재주를 부리는 죄수보다 차라리 죽여 달라고 울부짖는 죄수에게 더 큰 자비심이 생길 것 같다.

하나님 앞에서의 회개도 마찬가지이다.

어떤 이들은 기도를 많이 해야 회개가 된다고 생각하는데 경우에 따라서는 말 한마디로도 회개기도가 가능할 수 있다. 우리 속담에 "말 한마디로 천 냥 빚을 갚는다"는 말이 있지 않는가.

나같이 투신자살을 시도하다 천 길 낭떠러지로 떨어지면서 "하나님"이라고 외치고 죽었다고 해도 우리 하나님은 그 사람의 마음 중심을 보며 그의 영혼을 받아 주기도 하신다.

우리가 흔히 생각하는 회개기도는 이렇다.

"하나님, 제가 지은 죄를 용서해 주십시오 …. 정말 잘못했습니다. 제발 용서해 주세요 …."

그러나 하나님은 우리가 입술로 기도하지 않아도 우리의 생각을 아시고 충분히 이해하시며 용서하시는 분이다. 그렇다고 이런 식으로 기도를 악용한다면 그는 더욱 큰 죄를 범하는 결과를 초래할 것이다.

내가 아는 사람들 중에 주변 사람들에게 사기를 치며 많은 피해를 입히는 사람이 있었다.

어느 날 그를 우연히 길에서 만나 그렇게 살면 안 된다고 충고를 해 주었더니 어이없는 대답을 했다.

"목사님, 걱정 마시오. 그러잖아도 나도 죽기 전에 한꺼번에 회개하려고 생각하고 있어요."

참 황당한 말이었다.

하나님이 그렇게 수준 낮은 존재라고 생각하는가?

그는 하나님도 모르고 예수님도 모르는 사람이라고밖에 설명되지 않는다. 그런 사람은 절대로 신앙인이 될 수 없다.

말로 예수님을 믿는다고 해서 다 믿는 사람은 아니다.

말과 행동이 일치될 때에 '언행일치'라고 하고, 믿음과 행동이 일치할 때에 '신행일치'라고 한다.

신약성경 야고보서의 내용을 요약하면 "행함이 없는 믿음은 죽은 믿음"이라고 증거 한다.

우리 아버지가 살아 계실 때에 '불가능한 일'을 예를 들어 하시던 말씀이 생각난다.

"죽은 자식 놈 불알 만지기지."

죽은 사람의 불알을 만진다고 무슨 반응이 있겠냐는 말이다.

이와 마찬가지로 죽은 믿음을 가진 자에게 천국문은 열리지 않는다는 말이다.

(2) 우리의 보호자이신 성령님이 시키시는 기도

논리적으로 설명해 보자.

나의 자살 시도에 대한 이야기는 앞부분에서 말씀드렸다. 나는 1, 2초라는 짧은 시간 속에서 진정한 회개를 경험했다. 그런데 그 기도는 내가 한 것이 아니었다.

나의 의식은 자살을 결심하고 실행하는 과정의 어느 부분에도 회개기도를 해야 겠다는 생각도 없었고, 계획도 없었다. 왜냐하면, 자살을 실행하기 5분 전까지도 자살을 생각해 보지 않았기 때문이다. 그러므로 당연히 자살에 대비하여 회개기도를 한다는 생각조차 할 수가 없는 상황이었다.

그런데 죽음 직전에 내게 일어난 일들은 신비로운 일이었다.

죽음이 친근하게 느껴지면서 자살의 유혹이 달콤하게 느껴지기 시작할 때에는 사망의 권세자인 마귀의 유혹이었다고 생각한다. 그런데 자살을 실행하는 순간에 오직 성령께서 강권적으로 나를 주장하신 것이다.

부모님이나 형제는 물론 그 많던 친구 중 단 한 사람도 생각나지 않았다. 오직 한 분 하늘의 아버지만 또렷이 의식되면서 그분을 향한 처절한 영혼의 외침이 시작된 것이다.

"아버지여!"

(3) 죄 값을 당연한 것으로 여기며, 피해자를 향한 보상까지 실행하는 기도

예수님의 십자가 곁 강도들은 두 손과 두 발이 묶인 상태이기 때문에 자신들이 할 수 있는 일이라고는 형벌을 받는 것, 사형 집행을 당하는 것 정도였을 것이다.

그러나 아직 십자가에 달리지도 않았고, 두 손이나 두 발이 묶이지 않은 사람들, 즉 자신이 죄인이라고 생각하고 이웃에게 피해를 입힌 사실이 있는 사람들이라면 피해자의 피해를 보상하고 용서를 구하는 단계까지가 필요하다는 말이다.

누군가의 아들이 잘못하면 그 가문 전체가 욕을 먹을 수 있다. 기독교인들이 무엇이든 잘 해야 하는 이유는 칭찬이나 저주가 하나님에게까지 연결되기 때문이다.

"기독교인이라면서 사기를 쳐?"

"기독교인이라면서 도둑질을 해?"

우리가 지음받은 목적!

부르심을 받은 목적은 하나님의 영광을 세상에 나타내는 것이다.

하나님께서, 예수님께서 욕을 들으시도록 해서야 되겠는가?

사람들로부터도 "역시 기독교인은 달라"라는 칭찬을 들어야 하지 않겠는가?

6. 진정한 회개와 회개 효력

　진정한 회개는 어떻게 해야 하는가?
　일부의 기독교인들은 예수님을 믿기만 하면 과거의 어떠한 죄라도 용서받는다고 생각한다. 그래서 어떤 면에서는 죄를 짓는 것을 두려워하지 않는다.
　죄를 짓고는 교회에 가서 회개하거나 신부님 앞에 가서 고해성사를 한다. 그리고 자신의 죄 문제를 다 해결받았다고 생각한다.
　그러나 그것은 착각이다.
　만약에 경찰이 그의 범죄 사실을 알았다면 당장 체포할 것이다. 그리고 그는 감옥으로 가야 할 것이다. 진정한 회개는 내가 범한 죄에 대하여 하나님과 사람 앞에 모두 용서를 받아야 한다는 사실이다.
　교회에 가서 기도하다 보면 나의 죄가 생각나게 된다. 그러면 내가 피해를 입힌 경우 그 당사자를 찾아가서 사죄를 하는 것이 옳은 것이다.
　그러나 많은 그리스도인이 자신이 죄를 범하고 하나님께는 회개하지만 사람들에게는 회개하지 않는다는 약점을 가지고 있다. 이것은 반쪽 회개이다.
　순서로 따지자면 사람에게 먼저 회개하고, 다음으로 하나님께 회개해야 옳은 것이다.
　내가 누군가에게 피해를 입혔다면 그에게 먼저 가서 사과와 보상을 하고 그 후에 "하나님 제가 형제에게 실수를 했습니다" 하고 회개기도를 드리는 순서가 옳다는 말이다.
　예수님은 성경에서 어떻게 가르치시는가?

예를 들어 보자.

어떤 사람이 돈을 훔쳐서는 양심에 찔려서 회개 예물을 가지고 와서 하나님께 드린다고 해도 하나님은 그 예물을 받지 않으셔야 옳은 것이다. 하나님께서 그 예물을 받으신다면 범죄자와 한통속이 되기 때문이다.

하나님께서는 그에게 "나는 그 돈 받을 수 없으니까 그 사람에게 다시 가져다주어라"라고 하셔야 옳은 것이다.

그렇다. 하나님은 그런 분이다.

많은 사람이 이런 기본을 잘 모른다.

그러다 보니 사람들 때문에 하나님이 비난을 받게 된다.

사실 가장 바람직한 회개 방법은 먼저 피해자의 피해를 보상해 주고, 그 다음으로 하나님께 범죄 사실에 대해 용서를 구하는 것이 옳다. 이럴 때 진정한 용서와 위로와 보상이 주어진다.

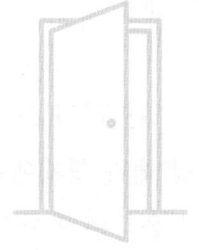

제3장

자살의 총체적 이해

1. 삼손의 죽음 – 자살인가 순교인가?

〈삼손과 데릴라〉라는 영화가 있다. 성경 사사기의 내용을 소재로 만들어진 영화이다. 영화의 마지막 부분에서 삼손은 두 눈이 뽑힌 채로 사람 앞에서 재주를 부리며 모욕을 당한다.

다곤신의 축제일이 다가왔고 다곤 신전에는 블레셋의 왕과 방백들과 백성들까지 약 3천 명의 사람들이 모여 들었다. 그들은 블레셋의 원수인 삼손을 괴롭게 함으로 즐거움을 얻으려고 했지만 삼손은 그들의 노리개로 살기보다는 죽는 길을 택한다.

죽기로 결심한 삼손의 마지막 참회기도는 "나를 이 사람들과 함께 죽게 하소서"였다.

블레셋의 다곤 신상을 받치고 있던 두 기둥을 쓰러뜨림으로 수천 명의 블레셋 사람들과 함께 죽기를 결심했던 삼손에게 하나님은 그의 부르짖음에 응답하시며 힘의 원천을 다시 회복시키셨다.

삼손은 대적이었던 블레셋으로부터 이스라엘을 구원하기 위해 살아서 원수 갚기를 원하지 않았다. 하나님이 주신 힘의 원천을 자신이 죽을 때 다 쏟아부으므로 블레셋 사람들과 함께 죽기를 선택했다는 것이다.

삼손의 이야기에서 깨닫는 것은 하나님께서는 삼손이 죽게 될 것을 아시면서도 삼손에게 힘을 주셨다는 것이다. 삼손의 행위가 '자살행위'라면 하나님께서는 '자살방조행위'를 하신 결과가 되는 것이다.

사람은 어떻게 사는가도 중요하지만 어떻게 죽는가도 중요하다. 삼손을 통해서 얻는 교훈은 삼손은 자신의 죽음을 통해서 이스라엘 백성들이 섬기는 하나님이 '참신'이심을 알리고자 했다는 것이다. 하나님은 연약한 인간을 무한히 강하게 하실 수 있는 신이시기 때문이다.

그리고 또 한 가지의 교훈은 인간이 자신의 영광을 뽐내며 사는 삶을 포기하고 하나님의 영광을 위하여 죽는 죽음은 그 자체로 순교이고 삶보다 소중한 죽음이라는 것이다.

2. 가룟 유다의 자살과 지옥

가룟 유다는 지옥에 있을 것이다.

그렇다면 가룟 유다는 자살했기 때문에 지옥에 갔을까?

가룟 유다가 목을 매어 자살했기 때문에 지옥에 갔다고 주장하는 이들은 구원론(救援論)에 대한 이해가 부족할 뿐만 아니라 죄론(罪論)에 대한 이해도 부족한 사람이다.

구약성경에는 예수님이 이 땅에 오실 것에 대해 수없이 많은 예언이 기록되어 있다. 그뿐만 아니라 구약성경의 예언 중에는 가룟 유다라는 인물에 대해서도 예언했다.

예수님이 이 땅에 오시기 2,000년 전에 기록된 시편 41편 9절에 보면 다음과 같다.

> 내가 신뢰하여 내 떡을 나눠 먹던 나의 가까운 친구도 나를 대적하여 그의 발꿈치를 들었나이다(시 41:9).

예수님은 가룟 유다를 친구로 여겼고 떡을 떼어 주시기도 했다. 그런 사랑을 받고 인정을 받은 제자가 예수님을 '대적'하고 배반하여 은 30세켈(Shekel)에 팔아넘긴 것이다.

1세켈이 노동자의 4일치 품값이므로 30세켈은 일반 노동자들의 3개월치 월급 정도이다. 우리 돈으로 환산하면 대략 천만 원 정도에 예수님을 팔아넘긴 것이다.

그렇다면 유다의 죄는 두 가지로 정리된다.

첫째, 예수님을 팔아넘겨 죽음에 이르게 한 죄
둘째, 자기 스스로 목 매어 자살한 죄

위 두 가지 죄 중에서 더 큰 죄가 무엇이며 유다는 무슨 죄 때문에 지옥에 간 것일까?

하나님의 입장에서 살펴본다면 유다의 자살은 도리어 '회개'의 한 수단일 수도 있다. 자신이 지은 죄가 너무 크기 때문에 양심의 가책을 느껴 자살을 선택한 것이다.

인간들이 짓는 죄는 다양하다. 강간, 살인, 도적질 등 여러 가지가 있는데 그중 가장 악한 죄는 살인죄다. 그 살인죄 중에 가장 큰 죄는 하나님의 아들을 죽게 한 죄일 것이다.

예를 들어, 어느 날 길거리의 노숙자 한 명을 죽인 사건과 대통령의 아들을 죽인 사건이 동시에 일어났다면 노숙자의 죽음은 대중들의 관심을 받지 못하지만 대통령 아들의 죽음은 온 매스컴에 도배가 될 것이고 황망히 떠난 고인에 대한 슬픔으로 살인범은 전 국민의 공분을 사게 될 것이다.

그런데 이 세상의 대통령보다 훨씬 크시고 높으신 하나님의 아들을 배반하고 죽게 하다니 ….

사도행전 1장 25절에는 이렇게 기록되어 있다.

유다는 이 직무를 버리고 제 곳으로 갔나이다(행 1:25).

이 말의 뜻은 천국으로 갔다는 표현이 아니다.

직무를 버리고, 사명을 버리고, 자기가 갈 곳으로 갔다는 표현이므로 지옥으로 갔다는 표현이다.

가룟 유다가 직무를 버렸다는 내용 가운데 가장 충격적인 사실은 자신이 3년 동안을 따라 다니던 예수님을 배반하고 팔아넘겼다는 것이다.

그러므로 유다의 지옥행 원인은 자살죄 때문이 아니라 신앙적 배도 행위 때문에 지옥으로 갔다고 보는 것이 옳은 것이다.

3. 루터의 어록

자살죄는 비난받을 죄가 아니다.

우연히 본 글에서 이런 제목의 내용을 본 적이 있다. 글의 내용을 읽어 보니 놀랍게도 종교개혁자 마틴 루터에 관한 내용이었다.

성당을 다니다 목을 매 자살한 소년에 대해 사람들은 다 그 소년이 하나님의 저주를 받았다고 말했다.

그런데 루터는 자살한 사람은 거룩한 교회의 매장지에 매장할 수 없다는 교회의 전통을 무시하고 루터 스스로 땅을 파고 소년의 시신을 옮겨 오라고 했다. 그리고 이렇게 말했다.

"강도에게 죽임당한 것보다 절망으로 죽은 것(자살한 것)이 왜 더 비난을 받아야 하는가?"

루터는 그의 가슴에 성호를 그으며 성부와 성자와 성령의 이름으로 죽은 소년의 죄 용서를 기원한다.

"당신의 죄가 용서 받기를 원합니다. 아멘!"

그리고 둘러선 소년의 부모와 사람들은 향해 말했다.

"하나님께서 긍휼을 베푸실 것입니다. 하나님을 두렵게만 보는 사람들은 하나님을 제대로 본 것이 아닙니다. 심판하시는 하나님의 두려운 얼굴만 본 것입니다.

그리스도를 진정으로 믿는다면 자살자들은 죽은 후 지옥에서 벌을 받는다고 말하는 사탄에게 이렇게 말하십시오. '나를 위해 고통받으시고 죽어 주신 분이 계시니 나도 죽어 그분이 계시는 곳에 거할 것이다'라고 말입니다."

루터의 신앙을 이어 받은 5억 4천만의 개신교 성도들과 목회자들이 왜 아직까지 로마가톨릭의 전통 사상과 이론에 동조하며 따라가고 있는가?
　우리는 마틴 루터의 후예가 아닌가?
　마틴 루터와 같은 이해를 가져야 하지 않는가?
　단순히 "자살하면 지옥!"이라는 논리는 너무나도 궁색한 이론 아닌가?
　만일 누군가가 하나님을 사랑하고 천국을 너무나 사모하는 가운데 불의한 세상과 타협하기가 싫어서 스스로 목숨을 끊으면서 마지막 순간에 "하나님, 나의 영혼을 주님의 손에 맡겨 드립니다" 하고 죽었는데 하나님은 그에게 "너는 자살했으니 지옥으로 가라" 하신다면 우리 하나님은 얼마나 율법과 독선적 가톨릭 신앙에 갇힌 피도 눈물도 없는 냉혈적 존재이신가?

　루터가 믿고 있는 하나님은 자살이라는 행위를 보시는 것이 아니라 자살에 이르게 된 배경과 과정 그리고 그의 심적 고통까지도 살피시며 안타까워하시는 하나님이시다.
　그뿐만 아니라 크고 작은 상실감으로 삶의 소망이 없다며 끝내 자신의 목숨을 스스로 마감한 불쌍한 영혼들을 하나님은 도리어 위로하시며 안아 주시는 분이다.

4. 안타까운 자살자들

자살자들을 말할 때 일반인들보다도 기독교인들이나 목회자들의 생각은 더욱더 부정적이다. 그 이유는 아이러니하게도 생명이나 영혼에 대하여 더욱더 소중히 여기기 때문이리라.

자살자 본인이야 이미 고인이 되어 버렸지만, 사랑하는 자녀, 또는 가족의 '자살'이라는 엄청난 일을 경험한 유가족에게는 자살자를 향하여 지옥 운운하는 것 자체만으로도 이중적 고통을 안겨 줄 수 있다.

그런데 왜 그렇게 단호하게, 가혹하게 말할까?

기독교인들이 자살에 과민반응을 하는 이유는 배려심의 부족도 아니고, 이해심의 부족도 아닌 어떠한 이유에서든 '자살'을 해서는 안 된다는 인식 때문이다. 결론적으로 말하면, 기독교인들의 진의는 '자살을 막자!'는 강한 의지의 표현이라고 이해하면 옳을 것이다.

사실, 자살자들에게는 말로 다 할 수 없는 안타까운 사연들이 있었을 것이다. 결혼 전 젊은 여성이 성폭행을 당했다든지 아니면 너무나 억울한 재판 결과에 불복하여 항소할 기회마저 잃었다면 마지막으로 자신의 억울함을 알릴 최후의 방법으로 선택한 것이 자살이었을 수도 있기 때문이다.

만약 내가 저 사람의 입장이었으면 어떻게 행동 했을까를 생각해 본 적이 있다.

예를 들어, 나에게 열 살짜리 무남독녀 외동딸이 있는데 그 딸을 동네 중학생들이 집단으로 성폭행하고 범죄를 감추려고 높은 벼랑으로 끌고 가서 밀쳐 죽였다고 가정해 보자. 하늘이 무너지고 땅이 꺼질 만큼 충격적인 일로 다가올 것이다.

  그런데 더 기가 막힐 일은 그 아이들이 나를 향해 히죽거리며 하는 조롱조의 말이다.

  "아저씨 우리는 감옥 안 가요. 촉법 소년이거든요.

  약 오르죠?

  헤헤헤. 걔가 살려 달라고 울면서 빌었는데도 그냥 밀쳐 버렸어요. 슈욱~ 하고 떨어지더니 '퍼-억!' 하는 소리가 나더라고요. 히히히. 재밌다."

  손발이 떨리고 피가 거꾸로 솟구칠 일이다.

  그래서 "죽여 버릴거야 이 자식들! …" 했는데 그 아이들의 부모들까지 나서서 적반하장 식으로 나를 고소해서 공갈, 협박, 살인미수 등으로 벌금에다가 형 집행을 받게 되는 정말 어처구니없는 일을 당했다면?

  그냥 조용히 죽어 버리자 해서 자살을 한다?

  만약 필자가 그런 일을 당했다면 어떻게 했을까?

  이런 극단적인 시나리오를 생각해 보았다.

  정의가 없는 법을 만든 국회의원들과 엉터리 판결을 내린 법관들, 그리고 가해 학생들의 부모들과 그 학생들까지 모두 죽임으로 내 딸의 죽음에 대한 응징으로 철저히 복수하고 난 후 자살을 택할 것이 아니라 차라리 경찰에 붙잡혀 사형을 언도받고 죽는 길을 택할 수도 있다는 가정을 해 보았다.

  그러기에 짐승만도 못한 인간들을 응징하지 않고 원통함을 혼자 짊어진 채 조용히 죽음의 길을 가는 사람은 최소한 예수님을 닮은 사람이라고 칭찬해 주고 싶다는 말이다. 그리고 그런 자살자들에게 고맙다는 말을 해 주고 싶다는 것이다.

이 글을 읽으시는 그대는 자살하는 사람들에 대해 고맙다고 생각한 적이 있는가?

내가 이 글을 쓰는 동안 갑자기 자살자들이 고맙다는 생각을 하게 되었다. 상식적으로 생각해 보면 이유 없는 죽음은 없다. 자살자들에게는 저마다 견디기 힘든 사연들이 있었을 것이라고 생각한다. 인생무상, 삶의 회의, 살아도 전혀 희망이 없는 절망감은 자살자들에게 죽음의 이유가 되기에 충분하다.

그런데?

조용히 한강 다리 위에서 몸을 던지는 사람들, 조용히 숲속에 들어가 자신의 목을 매는 사람들, 조용히 자기 방에 연탄을 피워 자살하거나 수면제를 다량 복용하고 죽는 사람들, 자신의 손목을 그어 피를 흘리며 죽는 사람들 ….

원망을 하자면 원망할 사람도 많았을 것이고, 죽어 가면서까지 저주를 퍼부으며 죽어서 귀신이 되어서라도 원수를 갚으리라는 뼈저린 원한을 가진 채 죽어 간 사람들도 많을 것이다.

사실 국민들의 행복과 불행의 많은 부분이 입법, 사법, 행정부 위에 군림하는 즉 대통령과 국회의원들 그리고 법관들의 손에 달려 있다.

국회에서 의원들이 법을 잘못 만들어 버리면 멀쩡한 사람이 도리어 범법자가 되는 일이 발생할 수 있다. 그뿐만 아니라 국민의 재산과 자유까지도 빼앗길 수 있고, 민주주의가 사회주의로 바뀔 수도 있다.

법관들이 돈에 매수되어 엉터리 재판을 하면 누군가는 평생 모은 재산을 한순간에 잃어버릴 수도 있다. 헤아릴 수없이 많은 억울한 사연들을 자신의 가슴속에 감추고 조용히 이 세상을 등진 사람들이 있다면 그들은 어떤 면에서는 참으로 고마운 사람들이다.
　왜 고맙다는 표현을 할까?
　가끔 뉴스에 보도되는 내용 중에 '묻지마 살인'이 있다.
　아무런 연고도 없고 원한도 없는데 자신의 억울함을 풀겠다고 타인의 생명을 빼앗고 남의 가정을 파괴하는 악한 사람들이 있다.
　더욱더 두려운 시나리오는 어차피 죽을 몸, 나 혼자 죽기는 억울하다며 대형트럭을 몰아 무차별적으로 사람을 공격하거나, 오만한 정치인들, 몰인정한 법조인들, 돈밖에 모르는 인간들을 닥치는 대로 죽이려 하거나, 신문에 대서특필 되도록 '묻지 마!' 식의 대형 테러를 일으켜 무고한 인명들까지 대량살상 후 자살하는 사람들도 있다.
　그런데 이 모든 것을 묻어 두고 혼자 조용히 죽음의 길을 갔다면 그런 분들의 인성은 칭찬할 만하며, 이러한 죽음이야 말로 참으로 안타까운 자살이 아닌가?

5. 베트남의 틱광득 스님의 '반열반' 자살

　베트남의 가톨릭계 대통령 응오딘지엠은 총리를 거쳐 대통령이 되었는데 베트남의 전통 불교를 강하게 핍박하고 스님들을 체포하며 석가탄신일 집회에 군부를 동원하고 총격을 가하도록 해서 9명의 스님들이 사망하는 일이 일어났다.

1963년 6월 11일 베트남전쟁이 한창이던 그때 틱광득 스님은 고통받는 스님들과 베트남 불교를 위해 자신의 몸을 바치기로 결심하였는데 그것이 소신공양, 즉 자신의 몸을 불태워 불교계를 향한 정부의 핍박에 저항한다는 것을 보여 주려고 한 것이다.

제자들에게 지시하여 자신의 온 몸에 휘발유를 붓게 하고 곧 이어 불을 붙이도록 했다. 몸이 불탈 때 느낀다는 작열통을 신음 하나 없이 견뎌 내고 결국은 숯덩이가 되어 쓰러졌다.

이 장면을 촬영한 미국의 AP통신의 말콤 브라운은 사진기자들의 노벨상과 같은 퓰리처상을 수상한다.

민중의 반란을 염려했던 정부는 남은 스님의 시체를 소각로에 넣어 태워 버리려 했는데 이상하게도 주먹만 한 심장은 불에 타지 않았고, 황산을 부어도 녹지 않았다. 결국, 그의 심장은 하노이국립은행에 보관되어 있다고 한다.

6. 불교에서의 자살에 대한 가르침

불교 계율의 첫 항목은 '불살생계'(不殺生戒)이다. 즉, 살생을 금하라는 말이다. 여기에는 자살도 포함된다.

허남결 교수(동국대)는 '불교생명윤리협회 추계학술세미나'에서 "불교는 모든 자원을 동원해 자살예방과 같은 생명윤리 문제에 관심을 가져야 한다"고 주장했다.

또한, 허 교수는 "붓다는 어떤 경우에도 자살을 용인하지 않았다"고 강조했다.

7. 법에서 허용된 죽음과 자살: 조력사, 안락사, 존엄사

오리건주는 미국에서 최초로 '조력사'(助力死)를 합법화하였다. 그리고 워싱턴, 콜로라도, 몬테나, 뉴멕시코, 캘리포니아, 버몬트 등의 자치 정부에서 조력사를 합법화했다.

네덜란드나 벨기에 룩셈부르크 등에서는 "불치병에 걸리지는 않았으나 참을 수 없는 고통에 시달리는 사람"에게 '안락사'나 '조력사'를 허용한다. 물론 18세 이상으로 자신의 죽음에 대한 확고한 의지가 있어야 하고 두 사람 이상의 증인이 필요하기는 하지만 법적으로 허용한다는 점에서 그 의미가 큰 것이다.

대부분의 환자는 정맥주사를 통한 약물투여를 희망하는데 약물로는 수면제 성분의 '미다졸람'으로부터 마취제인 '리도카인 혼합제' 그리고 혼수상태를 일으키는 '프로포폴'을 투여하고 마지막으로 장기를 마비시키는 '로쿠로니움'을 주사하면 환자는 수분 내에 절명하게 된다.

네덜란드에서는 전체 사망자의 2-3퍼센트가 의사의 조력으로 죽음을 맞는다고 한다.

안락사, 조력사에 대한 이해가 세계 각 나라마다 다른 것이 현실이다.

안락사를 허용한 대표적인 나라는 2006년에 허용한 스위스가 있는데 우리나라 사람들이 가장 많이 찾는 나라가 스위스라고 한다.

사실 우리나라도 2018년 '존엄사법'이 제정되었는데 회복 불가능한 상태에서의 연명치료를 중단할 수 있다는 법적 범위에 대해서는 아직도 논란이 되고 있다고 한다.

그런 반면 스위스에서는 아직 심신에 있어서 건강한 상태에서 자신의 존엄사를 결정할 수 있다.

보편적으로 기독교인들은 살인죄는 큰 죄이고, 자신의 죽음을 자신이 선택하는 자살도 큰 죄라고 인식하고 있는데 안락사, 조력사, 존엄사의 허용 문제는 어떻게 이해해야 할까?

필자의 생각은 허용하되 공익을 위한다는 조건을 만족시킬 때 허용해야 한다고 생각한다.

스위스에는 외국인들을 위한 조력사 지원시설인 디그니타스(Dignitas)라는 곳이 있다. 이 기관의 설립자는 변호사 출신인 루드비리 미넬리라는 사람이다. 디그니타스에서 시행하는 조력사 비용은 제반경비를 포함하면 우리나라 돈으로 1,500만 원 정도가 소요된다고 한다.

생명의 주관자가 되시는 하나님 앞에서 자신의 생명을 내던지는 자살행위는 죄라고 규정함이 옳다. 그러나 그것이 공익을 목적으로 할 때는 순교와 같은 가치가 있다고 생각한다.

상식적으로 접근해 보자.

누군가 어린아이가 망막장애로 태어나 평생을 소경으로 살아야 하는 상황이라고 해 보자. 누군가가 자신의 눈을 아이에게 주겠다고 한다면 그것은 선행이지 결코 범죄가 아니다.

마찬가지로 한 아이가 심장기형으로 한 달밖에 살 수 없다고 할 때 그의 아버지가 아이를 위하여 자신의 심장을 내어 주겠다고 하면 어떤가?

아버지는 죽게 되고 아이가 살아난다면 아버지의 행위는 자살인가?

연명치료에 대한 대표적인 지지 세력은 기독교인들이라고 생각한다. 그러나 많은 비용을 들여서라도 생명을 살려야 한다고 생각한다면 이것은 무지의 결과라고 생각한다.

한림대학교성심병원의 김현아 교수는 죽음 준비는 젊어서부터 해야 한다고 하며 '사전연명의료의향서'를 작성해 두는 것이 중요하다고 가르친다. 그녀는 불교 신자이고, 필자는 기독교의 목사이지만 서로 공감하는 부분이 있다고 생각했다.

사람은 누구나 건강하게 오래 살고 싶어 한다. 그러나 병든 몸으로 병상에 누워 오랫동안 살기를 원하는 사람이 얼마나 될까?

"9988-1234"라는 말이 있다. 99세까지 팔팔하게 살다가 1-3일 정도 누웠다가 세상을 떠나는 것이 가장 최고의 생애가 된다는 뜻이다. 누구든지 산소호흡기로 호흡하며 온 몸에 호스들을 주렁주렁 매달고 오래 살고 싶은 사람은 없을 것이기 때문이다.

이렇게 산다는 것은 삶이 아니라 고문이다. 삶이라고 해도 저주스런 삶이다.

조금 더 넓은 의미에서 이해해 보자.

예를 들어, 내가 80대 노인이 되었고 폐 기능이 손상되어 산소호흡기를 달고 중환자실에서 치료받는 동안 하루에 백만 원의 치료비가 든다고 가정해 보자.

한 달이면 삼천만 원의 병원비가 지출된다. 실제 경우에 따라서는 이보다 더 큰 비용이 들 수도 있다.

과연 산소호흡기를 계속 달고 있어야 할까?

만약에 나 자신이 그런 상황이라면 나는 병원에서 퇴원할 것이고 집에서 조용히 죽어 갈 것이다.

자녀들에게 유산을 남겨 주지는 못해도 어떻게 빚더미를 남기고 죽겠는가?

마찬가지로, 내가 삶에 대한 미련도, 애착도 없을 때 나의 신체의 장기와 각 부분을 남을 위해 공여할 수 있다면 그렇게 죽고자 하는 사람을 자살자요, 죄인으로 손가락질할 수 있겠는가?

아니 나의 삶에 대한 미련이 있고, 나의 생명에 대한 애착이 지극히 강한데 이웃의 절박함에 나의 장기를 내어 주고 나의 생명을 포기해야 한다면 이것을 자살행위요 죄악 된 행동이라고 할 수 있겠는가 말이다.

실제로 신약성경에서 예수님은 제자들에게 이렇게 말씀하신다.

> 사람이 친구를 위하여 자기 목숨을 버리면 이보다 더 큰 사랑이 없나니 (요 15:13).

여기서 자기 "목숨을 버린다"는 말은 "스스로 죽는다"는 의미이다. 자신의 죽음에 자기 의지가 담겨 있다면 그것은 자살이다.

인간이 자연수명대로 늙어서 죽을 수도 있겠지만, 병이 들어 일찍 죽을 수도 있다. 그런데 수많은 죽음의 종류 중에 예수님께서 감탄해 하시는 죽음이 있다.

그것은 "친구를 위하여 죽는 죽음"이다.

'의사자'라는 말을 들어 본 적이 있을 것이다.

최근 발표된 '의사상자 예우 및 지원에 관한 법률'을 제정한 목적을 이렇게 정의한다.

이 법은 직무 외의 행위로 위해(危害)에 처한 다른 사람의 생명·신체 또는 재산을 구하다가 사망하거나 부상을 입은 사람과 그 유족 또는 가족에 대하여 그 희생과 피해의 정도 등에 알맞은 예우와 지원을 함으로써 의사상자의 숭고한 뜻을 기리고 사회정의를 실현하는 데에 이바지하는 것을 목적으로 한다.

우리나라는 1970년대부터 지금까지 500명 이상의 사람들을 의사자로 인정하고 정책적 지원을 시행하고 있다.
의사자가 되려면 지방자치 단체장을 통해 신청하고 최종적으로 보건복지부장관의 승인으로 이루어진다.
의사자로 인정되면 국가에서 2억 정도를 유가족에게 지원하는데 지원을 더욱 확대해야 한다는 여론이 조성되고 있는 실정이다.
일반적으로 의사자는 '살신성인'을 실천한 사람들이다.
이런 이들을 가리켜 '사회정의의 꽃'이라고 부른다.
예수님 생애의 절정은 '십자가의 죽으심'이다.
예수님은 살아 계신 동안에도 자신이 십자가에서 죽으실 것을 예언하셨다.

> 인자가 온 것은 섬김을 받으려 함이 아니라 도리어 섬기려 하고 자기 목숨을 많은 사람의 대속물로 주려 함이니라(막 10:45).

그러므로 예수님은 살신성인을 실천한 의사자들을 특별히 사랑하실 것은 자명한 사실인 것이다.
누군가의 죽음에 자신의 의지가 담겨 있다면 이것은 '자살'이라고 규정한다. 그러나 자신의 죽음에 선한 목적이 있다면 그 죽음은 '희생'이요 '순교'가 되는 것이기 때문이다.

8. 자살을 생각하는 이들에게

지금까지 자살에 대한 다양한 이야기들을 나누었다.
혹시?
자살을 생각하고 계신가?
책을 손에 든 사람들의 절반 이상은 기독교인들이겠다고 생각한다. 타종교인들이나 무종교인들도 있겠지만 …

1) 기독교인 중에 자살을 생각하는 사람에게

왜 죽음을 생각하는가?
다양한 이유가 있을 것이다.
정말 죽고 싶은가?
그렇다면 보람 있게 죽어라.
개처럼 죽지 말고 의사자의 죽음처럼 의미 있게 죽으라는 말이다.
'순교적 죽음!'
어차피 죽을 목숨이라면 가진 재산을 정리해서 세상에서 가장 가난한 나라로 가라. 그리고 그 돈으로 굶어 죽어 가는 사람들을 먹여 살리고 당신은 거기서 굶어 죽어라.
세계 기독교 선교부에서는 당신을 무소속의 위대한 무명 선교사였다고 기록할 것이다. 그리고 역사는 당신을 잊지 않을 것이다.

아니면 튀르키예로 가서 극단적 무슬림의 종교적 악행을 피하여 피난 온 이들을 도우라.

그들은 꿈에 예수님을 만나 기독교를 따르기로 결단한 사람들이다. 그들의 수는 이미 수만명에 달한다. 그들은 기독교인이라면 목사이건 집사이건 무조건 좋아 한다. 그들과 함께 기도하고 예배하면서 살아야 할 이유들을 발견해 보라.

언어가 통하지 않아도 상관 없다. 하나님이 주신 '바디랭귀지'는 어떤 나라의 언어보다 위대하다.

도적이나 강도를 두려워할 필요도 없질 않는가?

어차피 죽을 목숨이니까.

2) 비기독교인 중에 자살을 생각하는 사람에게

당신이 타종교인이거나 무신론자라면 당신의 종교적 신념이나 인간이 가진 도덕성을 기초로 하여 '홍익인간'의 정신을 실천하면서 당신이 죽을 수 있는 환경에 몸을 맡기라.

우리가 받는 평균 일당은 10만원이다. 그러나 극도로 위험한 일은 일당이 100만 원이나 된다는 말을 들었다.

그런 일을 해서 돈을 벌어라.

그리고 그 돈으로 노숙자들을 도우라.

그 돈으로 가난한 학생들을 도우라.

그 돈으로 절박한 위기의 가정들을 도우라.

필자는 매주 목요일 저녁 7시쯤에 종로3가역에서 200미터 지점의 탑골공원(삼일문) 앞에서 120명의 노숙자들을 섬기고 있다. 그들의 남루한 옷에서 나는 불쾌한 냄새에 익숙해지고 있다. 도시락 하나를 받기 위해 1시간씩 추위에 떨며 서서 기다리는 그분들을 보면서 생존본능의 위대함을 느낀다. 노숙인도 살아 가고 있고, 살고 싶어 한다.

함께 일하자. 종교를 초월하고, 나이와 학력에 상관없이 생명을 가지고 있는 우리.

벌떡벌떡! 쿵쾅쿵쾅!

살겠다고 밤낮 없이 피를 뿜어 대는 심장의 진동소리를 들으며 일단 함께 살아 보자.

그러다가 누군가에게 차량이 덥치든가 하는 위급한 상황이 발생되면 어차피 버리려고 했던 내 몸뚱아리를 그때 미련 없이 던지자. 살려는 사람을 살려 내고 그를 대신하여 죽자.

대한민국 언론에서는 연일 당신을 칭찬하는 기사를 쏟아 낼 것이며, 역사는 당신의 이름을 기억하려 할 것이다.

앞으로 얼마 가지 않아 북한이 열릴 것이다. 미국은 그동안 아무리 북한을 향하여 제제나 온갖 방법을 동원해도 북한 체제는 전혀 변할 기미가 보이지 않는 것을 보고는 저들에게 채찍 대신 당근을 제공할 것이다. 북한의 핵 폐기 또는 동결을 전제로 하여 엄청난 지원책을 내 놓을 것이다. 개성공단도 곧 열린다. 대한민국 국민 누구든지 인도주의적인 차원에서 북한을 왕래할 수 있는 날이 다가오고 있는 것이다.

자, 어떤가?

지난 70년을 기다리고 기다리던 통일의 날이 머지 않은 느낌이 지 않는가?

여러분의 생명을 아끼라!

멋있게, 가치 있게 살아갈 날이 다가오고 있다.

두 번째 기회(Second Chance)가 기다리고 있다.

스스로 자기 목숨을 끊지 않아도 우리 모두는 서서히 죽음을 향해 가고 있지 않는가?

우리 인생은 길어야 100년이다.

나이 60이 되어도 생각이나 열정은 전혀 늙지 않았다. 도리어 고생했던 지난날이 자양분이 되어 지금의 후대들에게 알려 줄 말이 더 많아졌다는 사실이다.

학교에서 아무리 많은 공부를 해도 인생의 의미는 살아 봐야 알게 되는 것이다.

생각을 바꿔 보자.

그리고 말을 바꿔 보자

"죽겠다"보다 "살겠다"고 외쳐라.

"불행하다"보다 "행복하다"고 외쳐라.

친구야, 절대 비겁하지 말자!

자살하지 말자!

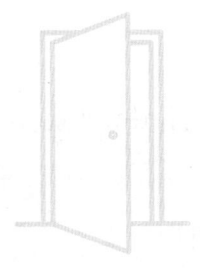

PHANTOLOGY

제3부

천국(Heaven)

제1장 죽음! 그리고 영원한 행복?

1. 죽음 이후의 행복은 천국이 있기 때문이다
2. 누구든지 당당히 죽음을 맞을 수 있다
3. 죽음 앞에서 담대했던 나의 체험

제2장 우리 모두 천국에서 만나요

1. 천국에서 만나고 싶은 사람 1: 최진실
2. 천국에서 만나고 싶은 사람 2: 하희라 씨의 어머니
3. 천사가 전도자들 곁에서 박수를 치고 있다

제1장

죽음! 그리고 영원한 행복?

1. 죽음 이후의 행복은 천국이 있기 때문이다

죽음의 기분은 어떨까?
죽음의 색깔은 어떨까?
모든 생명을 지으신 하나님은 사람이나 동물의 죽음 과정을 어떻게 설계하셨을까?

대부분 사람과 달리 나는 죽음은 너무나도 큰 행복감 속에서 이루어질 것이라고 생각한다.

"천국을 다녀온 의사" 이븐 알렉산더는 미국의 유명한 뇌 과학자였다. 듀크대학교와 하버드대학교에서 수학한 천재적인 학자이며 의사였다.

그는 자신의 환자들을 돌보는 동안 몇몇의 사람들로부터 임사경험에 대해 들었을 때 그런 현상은 영적 경험이나, 영적 현상이 아닌 뇌 작용에 의한 단순한 현상이라고 설명했다.

그런 그가 갑자기 뇌 손상을 일으켰다. 뇌의 한쪽은 완전히 죽어 버렸고, 나머지의 뇌도 제대로 기능할 수가 없는 상태에 이른 것이다.

의학적으로 소생가능성이 0퍼센트였기에 의사들은 생물학적 사망진단을 내리려고 했다. 그런데 그 순간 그가 눈을 뜨고 살아난 것이다.

그리고 그는 너무나도 아름다운 천국을 보았다며 말하기 시작한다. 그가 본 천국은 너무나도 아름다웠다고 한다. 수백만 마리의 나비들이 천국의 하늘을 뒤덮고 있었다고 한다.

성경에서 하나님은 "선하신 분"으로 표현한다.

인간들의 먹거리로 식물들과 동물들을 주셨다.

식물들은 그렇다 치고 동물들의 죽음이 지극히 고통스럽다면 하나님의 창조와 피조세계의 약육강식 법칙에 '선함'이라는 요소가 배제된 것 아닌가?

사람들은 보통 사람이나 동물이나 죽음의 과정이 크게 고통스럽지 않았으면 하고 생각한다.

예를 들어, 도살장의 소가 눈물 흘리는 것을 보면 마음이 아프다. 도살장으로 끌려가는 돼지들의 마지막 비명 소리는 우리의 귀에 오랫동안 남아 있다.

과연 모든 생명체는 죽어 갈 때 절망감과 극한 공포 속에서 비참하게 죽어 갈까?

지금부터 나의 이야기를 듣고 나면 우리가 희망하는 행복한 죽음은 어느 정도 가능하다는 결론을 내리게 될 것이다.

이운기라는 친구가 있었다.

십대 후반의 시기에 나는 그 친구의 집을 자주 찾아간 기억이 있다. 그런데 운기는 혼자 사는 것이 아니었다. 옆방에는 부모님이 계셨고 작은 방에서는 운기가 여자 친구와 함께 동거생활을 하고 있었다.

그런데 어느 날 그의 여자 친구가 말했다.
"운기씨 나 그것 좀 해 줘 봐. 응?"
내가 의아해하고 있었는데 운기가 그녀를 벽에 붙여 세우고는 오른손으로 우악스럽게 그녀의 목을 조르며 강하게 압박하는 것이 아닌가?
나는 처음 보는 광경에 놀라며 운기에게 "야, 임마 왜 그래?"하며 만류했지만 운기는 태연하게 "가만 있어 봐"하며 그 행동을 계속하는 것이었다.
잠시 후 그녀의 몸이 축 늘어졌고 친구는 그 행동을 멈추었다.
나는 죽었나 싶어 어찌 할 바를 몰라 하는데 친구가 말했다.
"홍콩 간 거야!"
나는 도무지 이해가 되지 않았었다.
어느 정도 시간이 지나 잠에서 깨어나듯 깨어난 여자 친구의 입에서 나온 말이 놀라웠다.
"너무 좋았어, 고마워 운기씨!"
아니 자신을 죽일 듯이 목을 눌렀고 숨이 막혀 얼굴이 새하얗게 되어 쓰러졌던 사람이 화를 내기는커녕 도리어 고맙다고 하다니?
나중에야 안 사실이지만 뇌에 혈액공급이 막히면서 어떤 환각 상태가 된다는 이야기를 들었고, 최근의 뉴스에서도 초, 중, 고등 학생들 사이에는 "기절 놀이"라고 해서 친구의 목을 눌러 기절을 시키는 놀이가 있다는 이야기를 들었다. 이런 기절놀이에 대해 한 전문의는 위험성을 이렇게 이야기한다.
"목을 조르면 경동맥을 압박해 뇌에 혈액 공급이 원활하지 않아 기절하게 되고, 이 경우 운동, 언어장애를 유발하고 심하면 사망할 수 있습니다."

이 글을 읽고 계신 독자께서는 죽음이 두려우신가?

나는 어릴 적에는 죽는 것이 두려웠고 자다가 죽는 꿈을 꾸는 것도 고통스러웠다.

그러나 이제는 죽음이 두렵지 않다. 그렇게 말하는 나도 아픈 것은 싫다. 매 맞는 것, 살이 찢기는 것, 뼈가 부러지는 것 등의 육체적 충격이나 학대를 좋아하는 사람은 아무도 없다.

내가 말하는 것은 고통을 말하는 것이 아니라 죽음 그 자체를 말하는 것이다. 고통을 받는 것은 싫지만 죽는 것은 좋다는 말이다.

이 말은 독자들이 죽어 본 다음에야 확인할 수 있는 말이기에 더 이상 장황한 설명은 그만 하기로 한다.

2. 누구든지 당당히 죽음을 맞을 수 있다

대부분의 사람이 죽음을 두려워한다. 그래서 죽음은 남녀노소를 막론하고 기피하는 단어이다.

교회에 다니는 사람들은 자신이나 타인의 신앙의 깊이를 가늠하는 척도로 "순교할 수 있는가" 하는 질문을 한다.

나 스스로도 자문자답을 해 본 적이 있다.

내가 죽음을 경험해 보기 이전에는 전혀 자신이 없었다. 그러나 지금은 죽음에 대한 이해도 생겼고, 아는 만큼 자신도 생겼다.

기독교에서 '순교'는 자신의 믿음을 증명하고 하나님을 사랑한다는 사실을 증명하는 최고의 행위이다.

로마의 네로나 도미티안 황제의 통치 시기에 십자가에 달려 죽거나, 사자에게 찢겨 죽거나, 불에 타 죽었던 많은 순교자가 있다.

그런데 죽음으로 들어가는 과정 속에 처절한 고통의 울부짖음만이 아니라 잔잔하고 평온한 노랫소리가 들렸다는 것은 일반인들이 이해하기 어려운 부분이다.

우선 논리적으로 당당한 죽음(순교)을 맞을 수 있다는 나의 주장에 대한 근거를 두 가지 측면에서 설명하겠다.

첫째, 죽음 이전 의식의 차단장치인 '기절' 때문이다.

당당한 죽음이 가능하다는 나의 말을 논리적으로 이해해 보자.

모든 동물에게는 기절이라는 기능이 있다. 이것은 창조주께서 부어 주신 일종의 차단장치이다. 고통의 차단장치 또는 의식의 차단장치이다.

전기가 누전되거나 과전류가 흐르게 되면 누전차단기가 작동한다. 누전차단기가 나오기 이전에는 납으로 만든 퓨즈가 끊어지면서 전기의 공급을 차단시키도록 했다. 창조주께서는 사람이나 동물들에게도 이런 퓨즈를 장치해 놓으신 것이다.

가끔 뉴스를 통해 살인 사건에 대한 이야기를 듣는다. 살인자가 누군가를 잔인하게 죽였다는 뉴스를 들을 때 모든 사람은 생각하기를 그 고통들을 어떻게 견뎠을까 하며 사망자의 죽음 순간들을 생각하며 치를 떤다.

그런데 나는 그런 사건 속에서도 하나님의 퓨즈가 작동되었겠지 하며 조금은 위로를 받는다.

무슨 말인가?

사람의 몸과 정신을 연결하는 매카니즘은 설명하기 어려운 복잡한 무언가가 있다. 그것은 사람이 감당할 수 없을 만큼의 큰 두려움과 고통이 극에 달할 때 그 고통을 느낄 수 없도록 의식의 차단장치인 퓨즈가 작동되는데 이것이 기절이라는 기능이다.

기절한 상태에서는 팔다리를 잘라내든, 불에 태우든 전혀 고통을 느끼지 못하기 때문이다. 그러므로 기절은 하나님께서 자신의 피조물들에게 베푸시는 섬세한 배려심의 결과물인 것이다.

이러한 법칙을 아는 일부의 사람들은 기절이라는 기능을 효과적으로 활용한다. 베테랑급 횟집 주인들은 생선회를 뜰 때 먼저 칼등으로 생선의 머리를 때려 기절시킨 후 회를 뜨기 시작한다. 산채로 살을 발라내야 하는 생선에게 마지막으로 베푸는 배려심인 것이다.

기절이라는 기능이 있기 때문에 죽음은 극단적인 고통만은 아니라는 것이다.

둘째, 죽음까지도 도우시는 '성령의 도우심' 때문이다.

기독교인들의 순교 가능성은 성령께서 강하게 도우심에 있다는 말이다.

기독교인이 아니라면 이 부분에 대한 이해는 어려울 것이다. 그러나 모든 상상력을 동원하여 이해해 보도록 해 보자.

쉽게 설명하자면, 작두를 타는 무당들을 예로 들 수 있다. 실제로 작두날은 칼날처럼 예리하고 날카롭다. 그런데 이런 작두날 위를 맨발로 올라서서 춤을 춘다는 것은 일반인들에게는 어렵고 위험한 일이다.

그런데 작두를 타는 무당들은 하나같이 작두장군이라는 신(神)을 부르고 그 신을 의지한다. 작두를 타는 무당들이 경험을 통해서 아는 대로 작두신을 부르면 신접현상이 일어난다. 그때의 느낌은 몸이 가벼워지는 느낌이라고 한다.

목사인 나도 이런 느낌은 충분히 이해할 수 있다. 기독교인들도 대상은 다르지만 신을 섬기고 있기 때문이다.

여기서 신에 대한 이야기를 잠깐 하자면?

이슬람이나 유대인들은 한 분의 신을 섬긴다. 그런데 기독교인들은 삼위일체 신을 섬긴다. 말하자면 세 분이신데 일체를 이루신다고 설명해야 이해가 쉽다.

신부님이 가슴에 십자가 성호를 그을 때 성부와 성자와 성령의 이름으로 성호를 긋는다. 성부(아버지)와 성자(아들)와 성령을 부르는 것이다.

오늘날 이 시대를 기독교인들은 '성령 시대'라고 구분한다. 그것은 약 2,000년 전 이 세상에 '성령 강림'의 놀라운 일이 일어났기 때문이다.

먼저 우리 인류의 역사 속에 하나님의 아들이신 예수께서 오셨다는 것이 엄청난 사건이었다. 그런데 예수님은 33년의 생애를 마치고 죽으신 후 3일 만의 부활 그리고 40일 후에는 천사들에 이끌려 하늘로 승천하셨는데 그 이후로 더욱 놀라운 일이 벌어진다.

거룩한 영의 강림, 즉 성령 강림 사건이 일어났기 때문이다. 이 일로 인하여 기독교인들에게는 놀라운 권능이 임하기 시작했다.

이 일은 신약성경 사도행전에 예수님께서 승천하시기 전에 제자들을 모아 놓고 하신 말씀이 그대로 이루어진 것이다.

오직 성령이 너희에게 임하시면 너희가 권능을 받고 예루살렘과 온 유대와 사마리아와 땅 끝까지 이르러 내 증인이 되리라(행 1:8).

'권능'이라는 단어 속에는 '권세' 그리고 '능력'이 포함되어 있다. 헬라어 원어에서는 '다이너마이트'라는 단어의 어근인 '두나미스'를 받는다고 했으니 성령을 받은 사람들은 '폭탄' 같은 어떤 능력을 받는다는 말이다.

사실 바흐, 헨델, 모차르트, 베토벤, 슈베르트 등은 모두가 기독교인이며 하나님의 성령의 도움으로 위대한 음악들을 작곡할 수 있었다.

헨델의 작품 중 최고의 평가를 받고 있는 〈메시아〉는 예수 그리스도의 예언과 탄생으로부터 대속과 죽음, 그리고 부활과 영원한 생명을 노래한다.

〈메시아〉 2부의 마지막 부분인 "할렐루야"는 특히 성령의 감동으로 1시간도 되지 않는 짧은 시간에 작곡되었는데 그 웅장함이 특별히 돋보이는 작품이다.

영국 국왕 조지 2세가 이 곡이 시작될 때 자리에서 일어난 일이 계기가 되어 지금도 수많은 청중이 이 곡이 연주될 때 자리에서 일어난다.

헨델의 곡들 중 대부분의 곡 마지막 부분에 S.D.G.를 적는데, 이것은 "*Soli Deo Glolia*"(솔리 데오 글로리아)의 약자이다. 우리말로 "오직 하나님께 영광"이라는 뜻이다. 그 뜻은 자신의 재능에서 비롯된 것이 아닌 작곡 과정에 함께하신 성령 하나님의 세밀한 도우심에 대한 감사의 표시라고 이해된다.

여담으로 필자도 새벽 잠결에 들려오는 악상을 기억하여 곡을 쓴 경험이 있다. 그 곡조는 이 세상에 존재하지 않는 전혀 새로운 것이었다.

"지저스 지저스 헤이헤이헤이 …"

독실한 기독교인이었던 잔다르크는 17살의 어린 나이에 "프랑스를 구하라"는 거룩한 신(성령)의 음성을 듣고 전쟁에 나가게 되었고 영국과의 전투에서 대승을 거두고 나라를 구하게 되었다.

성경에서 발견하는 놀라운 사실은 성령을 받은 예수님의 제자들이 한사람도 예외 없이 순교했다는 것이다.

성령님의 능력을 받았을 때 겁쟁이 베드로는 용감한 순교자가 될 수 있었고 나머지 제자들도 용감하게 톱에 잘려 죽기도 하고 기름 가마에 던져지고 용감하게 죽어 갔던 것이다.

이런 성령님에 대해서 예수님은 "보혜사 성령"이라고 하셨는데 우리말로는 '변호사' 또는 '보호자'라는 말이다. 그래서 진정한 기독교인이 되려면 하나님과의 사랑의 관계가 필요하고, 예수님과의 믿음의 관계가 필요하다고 하면 성령님과는 인격적인 교제가 필요한 것이다. 이때 성령님은 우리의 모든 부분에 관여하시며 구체적으로 도우시고 보호하신다.

두레교회의 김진홍 목사님이 감옥에 갇혔을 때 너무 추워서 "하나님, 저를 도와주십시오. 너무 춥습니다"라고 기도했는데 갑자기 바닥은 물론 감방의 벽까지 뜨뜻해졌다는 것이다. 성령님의 도움은 이처럼 즉각적이고 구체적일 때도 있다.

성령님의 보호는 우리가 죽음을 맞을 때 절정을 이룬다.

성경을 보면 우리가 아무도 모르는 곳에 끌려가서 죽임을 당할 때에라도 오직 하나님은 우리를 지켜보고 계신다고 말한다.

그의 경건한 자들의 죽음은 여호와께서 보시기에 귀중한 것이로다 (시 116:15).

무당이 작두장군이라는 신을 부르고, 기독교인들은 하나님을 부른다. 물론 작두장군을 부르는 무당들 중에 하나님을 큰 신이라고 부를 만큼 영계가 열린 이들도 있고 결국에는 큰 신을 섬기기 위해 교회로 나오는 이들도 있다. 그뿐만 아니라 무당들이 자신의 자녀들을 교회로 보내는 일들도 허다하다. 그들이 섬기는 잡다한 신들은 강요하고 해코지하며 위협한다.
　어느 부모가 자식을 해코지하며 위협하는 수준 낮은 하급 신들에게 자녀들의 인생을 맡기려 하겠는가?
　올바른 믿음을 가진 기독교인들에게는 성령님의 긴밀한 도우심이 늘 함께한다. 당연히 성령님과의 동행은 죽음의 순간을 넘어 천국에 이르기까지 이어지게 되는 것이다.

3. 죽음 앞에서 담대했던 나의 체험

　서울역 앞 도로 건너편의 동네 이름은 후암동이고 그 오른편은 갈월동이다. 나는 배낭 하나 메고 부산에서 서울로 올라온 지 얼마 뒤인 1987년도에 갈월동에 위치한 수도성경전문학교에 입학했다.
　3학년이 되었을 때에 나에게 큰 위기가 찾아왔다.
　동기생 중에 배O환이라는 학생이 있었다. 나보다 열 살이 더 많은 분이었는데 2년간 아무 문제가 없다가 3학년 졸업반이 되자 갑자기 돌변해서는 수시로 술을 마시고 들어오기 시작했다. 그러다가 나중에는 술병을 들고 기숙사까지 들어와 술을 마시고 학생들에게 술시중을 요구하기까지 했다.

그뿐만 아니라 기숙사 내 방별 철야기도회를 하고 있는 여학생들의 머리채를 잡고 위협하며 교회의 비품을 파손시키는 등 난폭한 행동을 일삼았다.

나중에는 부엌칼을 들고 교회 본당 앞에 서서 새벽기도회에 출석하는 성도들과 목사님을 위협하며 사람들의 발길을 막고 예배를 방해하기 시작했다.

들려오는 소문으로는 기숙사의 남학생들이 그에게 안 맞은 사람이 없을 정도로 주먹을 휘두르기까지 했다.

그리고 한 번씩 술을 과하게 마시고는 학교 앞 골목에서 고래고래 소리를 질렀고 자신의 이마로 벽을 들이받아 피를 철철 흘렸으며 "쿵쿵" 하는 큰 소리가 학교 강당까지 들려오면 기숙사의 남녀 학생들은 초긴장 상태로 두려움에 떨어야 했다.

누군가 경찰을 불렀지만 특별히 피해가 없는 것으로 확인되면 잠시 진정시키고 돌아가는 바람에 그의 위협적인 행동은 계속되었다.

지금 돌이켜 그의 행동을 분석해 보면 그것은 귀신들림의 일종이라고 해석된다.

불행 중 다행인지 그가 나에게는 그다지 함부로 하지 않았다. 나와 같은 부산 출신이라서 그랬는지 몰라도 나와는 형, 동생 하며 별 문제 없이 지내는 중이었다.

그러던 어느 날 염려하던 일이 터지고야 말았다. 그날도 외출하고 들어오면서 소주 한 병과 맥주 세 병을 사 들고 내가 기숙하고 있던 남자 3호실에 들어온 것이었다. 그리고 당연하다는 듯이 술병을 따고 과자를 풀어 놓으며 술판을 벌였다.

나는 정색하며 말했다.

"형님, 여기서 술 드시면 안 됩니다. 드시려면 나가서 드세요."
그러자 그가 말했다.
"왜? 니가 이방 주인이냐?
야! 김성수, 너는 나한테 한 번도 안 맞았지?
오늘 한번 맞을래?"
"내가 왜 맞아요? 나는 형에게 맞을 이유도 없고 쉽게 맞지도 않습니다."

말싸움에 지지 않고 버티고 있었는데, "야, 이 새끼야!" 하며 벌떡 일어서서는 나에게로 성큼성큼 다가오는 것이 아닌가. 그리고는 다짜고짜 멱살을 잡고 주먹을 들이미는 것이다.

군대에서도 씨름선수로 뽑힐 만큼 힘쓰는 일에는 나름 자신이 있었고, 어린 시절 건달 같은 친구들과 산전수전을 겪어 본 나로서는 힘쓰는 일이나 주먹을 휘두르는 일에 그를 두려워할 정도는 아니라고 생각했다.

나는 그의 손아귀에서 벗어나면서 씨름 기술로 그를 바닥에 내동댕이치고는 순식간에 그의 가슴 위를 타고 올랐다. 종합격투기에서 마운트를 탄다고 하는 그런 자세가 된 것이다. 이제 주먹만 휘두르면 아래에 깔린 그는 순식간에 피투성이가 될 상황이었다.

그 순간 내 마음속에서 성령님의 음성이 들려왔다.
"또 싸우려고 하니?"

아버지에 대한 불만과 분노로 친구들과 어울려 다니며 패싸움은 물론 일대일 맞장으로, 때로는 몇 명을 상대하며 싸워 본 적도 있었다.

그런 내가 성령의 능력 안에서 술과 담배를 끊고 가족과 직장까지 버리고 신학도의 꿈을 안고 서울로 올라와서 선지학교에 입학했다. 그런데 세속에서 쓰던 버릇을 버리지 못하고 주먹을 치켜든다는 것이 합당하지 않았다.

성령의 음성 앞에서 들었던 주먹을 내려놓고 싸움을 포기하려는 순간 그가 나를 밀치고는 순식간에 곁에 있는 맥주병을 집어든 것이었다.

나는 창 쪽 의자에 와서 앉았다. 교회 본당 2층에 있는 넓고 긴 방이었는데 창 쪽으로는 밝은 햇빛이 눈이 부시도록 쏟아지고 있었다.

나는 생각했다.

'그래, 여기서 싸움을 피하려다가 죽으면 순교로 인정해 주시겠지?'

모든 것을 체념하고 받아들이기로 결심했다.

그때 그는 맥주병을 들고는 자신의 영웅담을 늘어놓기 시작했다.

"나는 그동안 칼이든 병이든 손에 잡히면 반드시 찔러야 직성이 풀리는 사람이야. 너, 이 새끼, 오늘 잘 만났다."

그러면서 병을 들어 곁에 있는 철제 책장의 모서리를 내리쳤다.

그런데?

병의 옆구리로 강하고 견고한 철제로 된 책꽂이를 쳤는데 "끽~" 하는 날카로운 소리와 함께 철제 앵글이 휘어 버린 것이 아닌가?

요즈음 중국산 앵글은 두께가 얇고 가벼운 알루미늄으로 만들지만 옛날에 국산 앵글은 무식할 정도로 무겁고 강한 강철로 만들어진 것이었다.

상식적으로 맥주병의 아랫 부분은 두껍고 잘 깨지지 않지만 병의 옆구리는 주먹으로 내리쳐도 깨질 만큼 약하다.

그런데 철제 앵글이 휘어지다니?

내가 놀라워하는 순간 그는 더욱더 놀라운 일을 경험하고 있었다. 상상 할 수 없는 일이 일어나고 있었다. 그는 오른손에 들고 있던 병을 떨어뜨리더니 갑자기 무릎을 꿇고 엉금엉금 기어서 내 앞으로 다가왔다.

그리고는 "살려 줘!, 김성수 살려 줘!" 하며 두 손으로 싹싹 비는 것이다.

갑작스런 태도 변화에 당황한 나는 그를 말렸다.

"형, 왜 이러십니까?"

그러나 그는 계속해서 손바닥에 불이 나도록 빌고 있었다.

다행인 것은 그 이후에 우리 학교가 조용해졌다는 사실이다.

그도 나도 무사히 학교를 졸업하고 신학교로 진학했으며 결국은 목표하던 총신대학교 신학대학원까지 진학하게 되었던 것이다.

내가 배O환 목사를 다시 만난 것은 그 일이 생긴 지 20년 정도 지나서였다. 잠실종합운동장에서 전국 목회자들이 모이는 대형 집회에 참석하던 중 그를 만나게 된 것이다.

나는 집회장소에서 벗어나 한적한 곳에서 그와 차를 마시면서 20년 전 기숙사에서 있었던 이야기를 하며 그의 기억을 되살리려 했다. 그때 일이 나에게는 지금까지도 풀리지 않는 미스터리한 일이었기 때문이다.

그는 다음과 같은 이야기를 들려주었다.

병을 깨뜨리는 위협적인 행동으로 자신의 힘을 과시하고 나를 굴복시켜야겠다고 생각했는데 창가 쪽 내 뒤편에 예수님께서 안타까운 표정으로 자신을 쳐다보고 계시더라는 것이다.

이 놀라운 광경을 목격한 그는 어찌할 바를 몰라 무조건 내 앞에 와서 잘못했다며 살려 달라고 빌었다는 것이다.

20년 동안 가졌던 의문이 풀리는 순간이었다.

그는 목사가 된 후 하나님의 능력을 받아서 전국으로 부흥회를 다니고 있다고 했다.

> 우리가 알거니와 하나님을 사랑하는 자 곧 그의 뜻대로 부르심을 입은 자들에게는 모든 것이 합력하여 선을 이루느니라(롬 8:28).

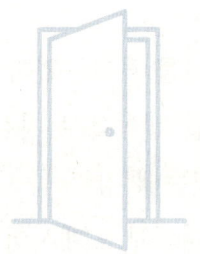

제2장

우리 모두 천국에서 만나요

1. 천국에서 만나고 싶은 사람 1: 최진실

(고)최진실 씨는 어디로 갔을까?

언젠가 유튜브를 보다가 〈최진실, 지옥의 외침〉이라는 제목의 영상을 본 적이 있다. 모 방송사에서 그 영상의 출처를 찾아내고 제작된 경위와 문제점을 담은 내용을 방송했다.

방송에는 한 여 전도사가 기도하는 내용으로 시작되는데 마치 무당의 접신행위에서 보는 듯한 소리가 들려오고 있었다.

"아아 자살하지 말아요. 내가 자살했기 때문에 내 동생이 여기 왔어요…. 나 좀 꺼내 주세요. 이 지옥은 악바리 같은 사람도 통하지 않는 곳이에요…. 나도 몰랐거든요 이 지옥이 있을 줄 몰랐거든요…."

최진실의 음성이라고 하며 여 전도사는 외치고 있었다.

그리고 이번에는 (고)최진영 씨를 흉내 내는 소리가 들려왔다.

"나 최진영이야, 나 최진영이야, 너무 삶이 힘들었어요. 가족을 부양해야 한다는 게 너무 힘들었어요…."

마치 최진실과 최진영 남매의 영혼이 여 전도사에게 빙의되어 나타나는 것처럼 보였는데 방송에서는 여 전도사의 말에 몇 가지의 모순이 있다는 사실을 지적한다.

  그 모순 내용 중 대표적 모순은 영상을 찍은 시점에 최진영 씨는 살아 있었다는 사실이다. 그리고 그 내용을 들어보면 기독교인들이 보편적으로 이해하는 내용, 즉 자살하면 지옥 간다는 평범한 수준의 내용에 근거한 것으로 "자살하지 마세요"라는 내용 외에는 별다른 내용이 없다는 것이다.

  그러므로 필자는 그 여 전도사의 기도와 그 교회에서 일어나는 영적 현상은 그다지 기독교적이라고 생각하지 않는다. 도리어 비기독교적 초혼행위나 주술행위를 흉내 내는 것처럼 느껴진다.

  필자는 (고)최진실 씨가 지옥에 갔다고 단언할 수 없다고 생각한다.

  방송을 통해 자녀들과 함께 여행을 다닌다, 우울증에 시달린다는 등의 소식을 들은 지 얼마 후 그녀는 세상을 등지고 말았다.

  몇 년 전 최진실 씨와 그의 어머니 그리고 자녀들을 포함한 가족들에 대한 다큐멘터리 영상을 본 적이 있다. 카메라는 최진실의 일기장을 비추고 있었고 한 페이지씩 넘겨지는 일기장 속에서 유독 다음의 문장들이 내 눈을 사로잡았다.

  "주님, 제가 너무 힘들어요."

  "주님, 저를 도와주세요."

  그때까지도 최진실 씨가 크리스천인 줄 몰랐던 나는 그 방송을 본 이후 여러 가지 생각이 정리되고 바뀌었다.

  최근에 우연히 TV에서 오래전에 방송되었던 최진실 씨에 관한 영상을 본 적이 있다.

  영상 속의 최진실 씨는 이렇게 말했다.

> 하나님이 불공평하다고 생각했어요. 왜 저를 김희선 씨같이 태어나게 해 주시지 않았는가 해서요, 사실 김희선 씨는 얼굴의 어느 부분도 흠잡을 데 가 없잖아요 ….

방송 여기저기서 하나님에 대해 주저함이 없이 말하고 있는 그녀는 분명한 크리스천이었다. 그래서 "최진실의 자살과 지옥"이라는 프레임을 벗겨 내고 싶은 마음이 불쑥 솟아났다.

극심한 우울증에 시달려 본 사람이 아니고서야 그의 입장을 이해하기는 어려울 일이다.

이글에 앞서 필자가 경험했던 자살에 대한 내용 중에 회개하는데 얼마만큼의 시간이 필요한지 전혀 예상치 못한 말씀을 드렸다.

사람이 목을 매 자살할 때 줄을 걸고 매달린 순간부터 절명, 즉 숨이 끊어지는 순간까지 대략 3분 전후의 시간이 그의 마지막 남은 생이 된다. 시한부 생명 치고는 너무나 짧은 생명이 된 것이다. 줄이 끊어지거나 누군가가 황급히 그를 도와주지 않는다면 스스로 살아날 가능성은 없다.

그녀에게 3분이라는 생명의 데드라인이 주어진 것이다. 필자가 최진실의 자살에 다양한 가능성을 두고 추측하고 싶은 것이 이 3분의 데드라인에 있다.

그녀는 그 3분 동안 대체 무슨 생각을 했으며 어떤 일을 경험했을까?

필자의 경험을 토대로 추측해 볼 때 그녀는 그때 하나님과 마지막 순간을 함께했을 것이라고 확신한다.

사람이 주변 상황으로 인한 극심한 스트레스와 심적 압박으로 인해 죽음을 생각할 만큼 절박한 상태가 되면 무슨 생각을 할까?

일반적으로 생각해 봐도 자살 직전의 최진실 씨의 마음에 자신이 지켜야 하는 어린 두 남매가 강하게 있었다면 자살할 수 없다. 평생 함께 살아온 혼자 되신 어머니를 생각해 봐도 자살할 수 없다.

그녀는 부모와 형제 그리고 자녀와 친구들을 통한 긍정적이고 희망적인 생각보다는 이미 상실한 것들 아니면 앞으로 잃어버릴 어떤 것들에 대한 두려움으로 부정적이고 절망적인 생각이 더 크게 작용해 자살이라는 극단적 선택을 했다고 본다.

그리고 최진실의 자살을 단순히 비난하거나 손가락질 할 수 없는 이유는 자살하기까지 심각한 우울증이라는 질병을 앓고 있었다는 사실이다. 최진실 씨가 우울증과 불면증을 앓고 있었다는 사실은 메스컴을 통해서 이미 알려진 바 있다.

흔히 "우울증은 죽음에 이르는 병"이라고 하질 않는가?

의학적으로 우울증은 칼슘과 마그네슘, 그리고 오메가3지방산인 DHA, 비타민 B와 비타민 D 같은 영양성분의 결핍으로부터 시작되며 세로토닌, 도파민, 노르에피네프린과 같은 신경전달물질의 결핍으로 더욱 심각한 우울증으로 진행된다.

상식적으로 생각할 때 최고의 스타로 불리던 자신이 남편에게 매를 맞고 사는 여자로 알려졌고 남편의 외도 사실까지 매스컴에 노출되자 마지막 자존심까지 잃게 된 그녀의 정신과 일상적인 삶이 정상일 수 있었을까?

누구든 불안감과 우울증 그리고 불면증 등으로 고통을 받다 보면 제정신이 아닌 상태가 된다. 내 마음이 그녀를 향한 긍휼의 마음이 넘치는 이유는 그녀가 병들었다고 생각하기 때문이다.

몇 년 전 필자는 가까운 요양시설 세 군데를 순회하며 어르신들을 대상으로 예배를 인도한 적이 있다.

그런데 키가 크고 잘생긴 할아버지 한 분이 갑자기 바지를 내리고는 거실 바닥에 소변을 보는 일이 있었다. 요양보호사님들과 사회복지사가 이 모습을 보더니 "아이고, 목사님 또 이러시네요 …" 하며 수습했다.

그런 모습을 바라보고 있는 나에게 한 요양사님이 "저 분이 목사님이시고 부산에서 노회장을 지내신 분이래요 …"라면서 지금은 치매 환자가 되어 요양원에 입소 중이라고 자세히 설명해 주셨다.

그분에게 "목사님" 하고 불러도 못 알아듣고, 예수님 아시냐고 물으면 "예수가 누구야? 데려와!"라고 소리치는 그분은 구원을 상실했다고 단언할 수 있을까?

만약 치매에 걸린 목사님이 죽음 직전에 예수님을 부인했다면 그를 지옥에 갔다고 하겠는가?

우리가 믿는 하나님을 과연 복음을 위해 평생을 헌신했던 목회자의 삶에는 관심 없고 치매에 걸려 임종 직전에 하는 몇 마디의 말만 듣고 구원이나 유기를 결정하는 그런 무지한 분으로 생각하는가?

치매는 뇌혈관질환이며 기억, 언어, 판단력 등에 있어서 정상적이지 못하다. 그래서 치매 환자의 범죄행동에 대해서는 법정에서의 판사도 충분히 고려해서 판결하게 된다.

하물며, 우리 하나님께서 우울증 환자의 자살행위를 괘씸하게 보고 지옥에 보내실까?

죽음, 어느 누구에게라도 잿빛의 절망적인 단어인 죽음!

한번 선택하면 결코 돌이킬 수 없는 파멸의 단어인 죽음!

자연적 죽음이 아니라 스스로 질기고 질긴 생명의 끈을 잘라 내고 모든 인연의 끈을 끊고자 하는 그런 죽음과 마주할 때 인간의 심리적 변화에 대해 상상해 본 적이 있는가?

이미 말씀드렸던 것처럼 나 자신이 투신자살을 결심하고 몸을 허공에 던졌던 순간을 생각해 보면 그때의 나는 가족이나 그 어떤 것도 생각나지 않았던 것으로 기억한다.

자살을 실행하기 직전에는 거의 무의식 상태에 돌입하게 되는데 그때의 나는 육적 세계보다는 영적 세계의 지배 속으로 들어가는 듯했다. 오직 하나님의 주권적 섭리 속에서 나의 뇌리를 순식간에 스쳐간 파노라마 같은 장면들은 어린 시절부터 자살 직전까지의 인생 속에서 경험한 굵직한 사건들이었다. 그러한 가운데 나의 자아는 죽음 이후를 관여하실 신(하나님) 앞에 벌거벗은 모습으로 내 영혼을 맡겨드리는 것이었다.

"저의 영혼을 지옥에 버리지 말아 주십시오!"

이 외마디 외침은 평생 드린 어떤 기도보다도 절실하고 간절했다고 생각한다. 그리고 나 자신의 모든 것 즉 현재와 미래의 모든 것을 철저히 망각한 채 가장 가난한 마음으로 드렸던 마지막 기도였다.

살아 있는 동안 그토록 하나님께 기도하고 하나님을 의지했던 사람이라면 죽음 앞에서는 더욱더 간절하게 하나님을 의지할 수밖에 없다고 생각한다. 내 생각대로 최진실 씨의 마지막이 그랬다면 그는 틀림없이 천국에 갔을 것이다.

내가 믿는 하나님은 한 사람을 평가할 때 그 사람이 어떻게 죽었는가보다 어떻게 살았는가를 더욱 중요하게 여기시고 구원의 조건도 윤리적으로 어떻게 살았느냐 하는 것보다 얼마나 겸손하게 살았으며 예수 그리스도를 믿었는가 그리고 하나님을 얼마나 사랑했느냐를 보시기 때문이다.

평생 예수님을 의지하고(믿고), 하나님을 사랑하며 살았던 사람이 치매나 우울증에 걸려 자살했다는 한 가지 이유만으로 지옥에 던져 버리는 그런 하나님이시라면 하나님은 인정도 없고, 생각도 없는 독불장군, 외골수, 인색한 자린고비 영감쟁이와 다를 것이 무엇이냐는 말이다.

또 다른 관점에서 이해해 보자.

크리스천들은 하나님을 아버지라고 부른다.

그런데 어떤 아버지가 평생을 살면서 자살한 그 아들을 잊고 살 수가 있을까?

자살한 아들의 장례식에서 아버지가 "이런 불효막심한 놈! 너는 죽어 마땅한 놈이다. 이 못난 놈아!"라고 했어도 그 모든 말은 아들을 사랑하니까 하는 말들이다.

칼빈의 예정설을 믿는 장로교의 목사라면 평생 예수 믿던 성도가 자살했더라도 구원받기로 작정(예정)되었기 때문에 하나님께서 죽음 직전의 짧은 순간을 통해서라도 진심 어린 회개를 시키시고, 그의 영혼을 긍휼히 여겨 구원하시고 천국으로 데려가셨다는 가능성을 전혀 부인할 수는 없을 것이라고 여겨진다.

2. 천국에서 만나고 싶은 사람 2: 하희라 씨의 어머니

탤런트 최수종 씨나 하희라 씨를 만날 기회가 되면 "당신의 어머니는 천국에 계십니다"라고 말해 주려고 했지만 아직까지도 그분들을 만날 기회가 없었기에 이 지면을 할애하여 천국에 계실 하희라 씨의 어머니 이야기를 하려고 한다.

지금부터 약 14년 전인 2008년쯤으로 기억된다. 우리 교회에 새로 출석하신 분 가운데 김○아라는 집사님이 계셨다. 그분은 과거에 체대를 졸업한 프로골프 선수였다. 최근까지도 골프를 가르치는 일을 했는데 그러다 보니 사회 각 계층의 다양한 사람을 알게 되었고 남 다른 인맥을 가지고 있는 사람이었다.

2008년 당시 우리 교회의 형편은 장로님들과 권사님들의 내분이 심각하여 교회가 살얼음을 걷는 것 같은 때였다. 마침 그때 교회에 등록하여 솔선수범으로 봉사해 주시던 김 집사님은 나에게는 참으로 고마운 존재였고 하나님께서 보내신 천사와 같은 존재였다.

집사님은 가끔씩 친구인 윤○구 집사님의 자가용을 함께 타고 와서 나와 아내를 태우고 식사 대접을 해 주시곤 했다. 나는 그 덕에 생전 처음으로 청와대 근처의 유명한 맛집 여러 곳을 다녀 보게 되었다.

그러던 중 어느 날 나에게 말했다.
"오늘은 누가 목사님을 초대했는데 사모님과 같이 가셔요."
"누가 나를 오라고 합니까?"
"가 보시면 알아요."

대체 누구일까 궁금증을 안고 교회를 출발하여 신촌의 이화여대, 연세대학교 근처로 가는가 싶더니 어느 골목 안 한옥 식당으로 들어가는 것이었다. 식당 치고는 제법 고풍스럽고 넓어 보였다.

식당 안으로 들어가니 우리만을 위한 예약된 방으로 안내해 주었다. 좌식 테이블에 앉아 소갈비를 맛있게 먹은 것으로 기억되는데 제법 비싼 음식들이었다. 갈비를 배불리 먹고 있을 즈음 불교 여신도들이 입는 비구니복을 입은 한 여인이 나타났다.

김 집사님이 그분을 보고 "언니, 이리와!" 하며 손짓하자 우리가 앉은 자리로 가까이 오셨다. 그리고 다소곳이 자리에 앉으려 하는데 김 집사님이 나를 소개했다.

"언니, 내가 말씀드렸던 목사님이셔. 목사님 옆으로 와 앉아."

말없이 내 곁에 와서 앉은 그분은 말 한마디 없어도 무엇인가 단아하고 묵직한 느낌을 주었다.

그때야 비로소 김 집사님이 "하희라 씨 어머니세요" 하신다.

"아~ 그러세요? 처음 뵙겠습니다."

인사를 드리니 그분이 말씀하셨다.

"무엇이든 음식이 모자라면 말씀하세요. 더 들여오겠습니다."

음식을 충분히 먹은 우리는 맛있게 먹었다며 감사했지만 나의 생각은 점점 복잡해지고 있었다.

'불교 신자인 이 여인이 목사를 대접한다는데 이것을 어떻게 해석해야 하지?'

그때 김 집사님이 눈치를 주셨다.

"목사님, 우리 대접 잘 받았는데 축복기도를 해 주셔야지요?"

당연히 기도를 해 드릴 수 있지만 문제는 이 여인이 목사의 기도를 과연 받고자 하실까 하는 염려가 생겼다. 그런데 내심 염려하고 있던 나의 눈앞에 믿기 어려운 광경이 펼쳐지고 있었다.

하희라 씨 어머니가 무릎을 꿇고 앉으시는 것이 아닌가!

나도 그분의 눈높이에 맞춰 무릎을 꿇고 마주 앉았는데 그분은 벌써 눈을 감고 기도를 받을 준비를 하고 계셨다.

나는 그분의 귀에 대고 나지막이 물었다.

"머리에 손을 얹고 기도해 드려도 괜찮겠습니까?"

"예!"

짧은 한마디의 대답 속에는 조금도 거리낌 없는 단호한 느낌이 들었다. 나는 더 이상 주저하지 않고 그분의 머리 위에 두 손을 감싸듯이 얹고 귀에 가까이 대고 진심으로 축복하며 기도해 드렸다.

거룩하신 하나님!
여기 당신의 딸이 있습니다.
사람을 외모로 취하지 않으시고 그 마음과 중심을 보시는 하나님!
오늘 사랑하는 딸이 주의 종을 선대하였으니 이 일을 기억하여 주옵시고 사랑하는 딸의 마음의 소원을 살펴 주옵소서.
이 딸의 여생이 복되게 하시고, 자녀들의 범사가 복되게 하옵소서.
또한, 이곳에 허락하신 사업장이 복되게 하셔서 이곳을 출입하는 모든 이가 주의 평안과 기쁨을 누리게 하옵소서 …
오늘 이처럼 아름다운 섬김의 마음을 허락하셨으니 사랑하는 딸의 모든 필요를 채워 주시고 무엇이든 부족함이 없게 하옵소서.
거룩하신 성령님!
사랑하는 딸의 영혼이 복되게 하옵소서.
성령의 기름 부으심으로 진리를 알게 하옵소서.

영적 지각을 밝혀 주시고 인생을 살아가며 가장 지혜롭게 살아가는 길을 보여 주옵소서.

이 땅에서 아름답게 살아가다가 세상 떠날 때 우리 영혼이 영원한 하나님의 나라를 얻게 하옵소서 ···.

하희라 씨의 어머니에 대한 정보를 미리 알지 못했지만 비구니 복장을 하고 계시니 누가 보아도 불교 신자임에는 틀림없는 사실이었다. 전도에 대한 열정이 넘쳤던 나는 불교신자라 할지라도 기도할 수만 있다면 혼신의 힘을 다해 기도하는 것은 당연한 일이었다.

내 마음속은 그분이 승복을 벗어 버리고 염주를 대신해 십자가 목걸이를 걸고자 하는 심령의 변화가 일어나기를 간절히 바라며 기도를 드렸다. 어차피 사람의 마음을 변화시키는 분은 하나님이신 줄을 알기에 하나님의 역사를 기대하며 간절히 기도했던 것이다.

옆에 계시던 김 집사님의 "아멘!" 소리는 나의 기도가 계속 되는 가운데 더욱 커지고 있었다.

"우리의 구원자가 되시는 예수 그리스도의 이름으로 기도드리옵나이다. 아멘"으로 기도를 마쳤는데 놀랍게도 하희라 씨 어머니의 입에서도 "아멘!"이라는 소리가 들려왔다. 기대하지 않은 일이었는데 내심 기뻤다. 갈비 몇 대 얻어먹고 드리는 축복기도이지만 마음을 다해 진심으로 드리는 축복기도였다.

쩌렁쩌렁 하게 방안을 울리던 기도가 끝나자 무언가 모를 고요함으로 정적이 감돌았다. 그런데 이상한 일이 일어났다. 우리 모두는 눈을 뜨고 서로를 바라보고 있는데 하희라 씨 어머니는 아직도 눈을 감고 있는 것이었다.

　마치 얼음조각상처럼 굳어 버린 그분의 눈을 보니 맺혀 있던 눈물이 주르륵 흘러 내렸다. 그러면서도 계속 눈을 감고 계시는 것이었다.

　고요함과 어색함이 교차되는 시간이 약 1-2분 이상 계속되었다. 드디어 하희라 씨 어머니가 눈을 뜨셨고 곁에서 지켜보던 김 집사님은 재빨리 자신의 손수건으로 그분의 눈물을 닦아 주시는 것이었다.

　하희라 씨 어머니는 충혈된 눈으로 잠시 나를 바라보더니 조용히 고개를 숙이며 "감사합니다" 하고 진심 어린 인사를 하셨다. 그리고 김 집사님과 함께 밖으로 나가셨다.

　우리는 식당에 조금 더 머물다가 김 집사님과 함께 교회로 돌아왔다. 교회로 돌아오는 길에 김 집사님은 흥분된 목소리로 오늘 우리 심방과 기도를 제대로 드린 것 같다며 기뻐했고, 하희라 씨 어머니가 다음에 또 목사님 뵙고 싶다고 하더라는 이야기를 해 주었다.

　그리고 두어 달 후 하희라 씨 어머니를 경기도 양평 쪽 한 숯가마에서 만나게 되었다. 우리가 도착했을 때는 그분과 다른 일행이 먼저 와 있었다.

　우리가 갈색 가운으로 갈아입고 방갈로 안으로 들어가 있는데 김 집사님이 하희라 씨 어머니를 모시고 같이 들어왔다. 들어오자마자 서로 인사를 나누었고 곧바로 하희라 씨 어머니는 무릎을 꿇더니 기도를 받으시겠다는 것이었다.

　방갈로 주변으로 지나다니는 사람들이 많아서 기도에 집중하기가 어려웠지만 그럼에도 불구하고 진심으로 축복하며 기도해 드렸다.

　그렇게 두 번의 만남과 두 번의 기도는 끝이 났고 이듬해 김 집사님은 일본으로 떠나셨다. 몇 년 뒤 그분이 돌아가셨다는 소식을

TV 방송에 출연한 최수종 씨와 하희라 씨를 통해 듣게 되었다.

그때 방송에서 들었던 이야기들을 종합해 보면 하희라 씨의 여동생 부부가 해외 선교사로 나가 있어 최수종 씨와 하희라 씨가 가끔 선교지에 가서 봉사한다고 했다.

그렇다면 하희라 씨 어머니 입장에서는 두 딸과 두 사위가 기독교인이라고 할 때 평생 불교인으로 살아온 그분의 마음에 많은 갈등이 있을 수 있는 상황이었다.

내가 기도해 드린 시점이 그분이 정체성의 혼돈 속에 있을 때가 아니었나 하는 생각이 든다. 그분의 마지막 임종 때 모습이 어떠했는지 자세히 알 수 없지만 틀림없이 천국에 가 계실 것이라고 나는 확신한다.

성령의 임재를 느낄 만큼 영적 민감성을 가지고 계셨고 하나님 앞에서 눈물의 기도를 드리고(회개의 눈물이었을 것이다) 주의 종을 선대하고 신뢰하였으니 말이다. 그리고 여러 사람 앞에서 "아멘!"이라고 고백한 믿음의 사람이었기 때문이다.

가장 큰 확신의 근거는 신약성경 고린도전서 12장 3절 말씀이다.

> … **성령으로 아니하고는 누구든지 예수를 주시라 할 수 없느니라**
> (고전 12:3b).

하희라 씨 어머니는 기도를 통해 예수 그리스도를 주로 인정한다고 고백하였기 때문이다.

위에서 소개한 두 분 외에도 천국에서 만나고 싶은 사람은 나의 할아버지와 아버지 외에도 헤아릴 수 없이 많다. 하지만 이 시간을 빌어 간절히 소원하는 바는 이 책을 읽는 모든 분과 천국에서 만나고 싶다.

3. 천사가 전도자들 곁에서 박수를 치고 있다

내가 23살 되었을 때 나는 하나님의 사람으로 날마다 변화되어 가고 있었다. 사실 그 출발은 군대에서 전역을 앞두고 그동안 괴롭혔던 후임 사병들에게 복음을 전하면서부터다. 그때는 선임들의 온갖 행패를 견뎌야 했고 우리 기수도 후임들을 괴롭히던 때였다.

전역을 앞두고 정신을 차려 보니 후임들에게 가장 미안한 마음이 들었다. 그래서 여러 가지로 잘해 주려고 했고 그중에 가장 기억에 남는 것은 후임들을 전도해서 군인교회에 같이 출석한 일이었다.

군에서 제대하고 몇 개월 후 부산 서면에 위치한 직장에서 일하고 있는데 어릴 때 주일학교 선생님이셨던 안경훈 선생님이 전도사님이 되어서 나를 찾아 주셨다.

키가 크고 잘생긴 안경훈 선생님이 007 가방을 들고 나를 찾아오셔서는 "김성수 선생님, 오래만입니다" 하시는데 괜히 쑥스러웠다. 동네에서 내가 형이라고 불렀던 경호라는 형의 친형이었기에 연배가 나보다 10살이나 많은 분이 존댓말을 하니 부담스러웠다.

"제가 신학을 해서 전도사가 되고 지금은 서구 감천에서 교회를 개척했습니다 …."

그러면서 개척교회에 내가 필요하다고 말씀하셨다.

보잘 것 없는 내가 교회에 꼭 필요하다고 하시니 한편으로는 내 마음이 하나님께서 나를 필요로 하신다고 말씀하시는 것처럼 반갑게 느껴졌다.

임마누엘교회(순복음교회)로 첫발을 내딛기가 무섭게 잠자고 있던 나의 신앙심은 불타올랐다. 직장에서 퇴근하면 교회로 가서 기도하다가 잠을 잤고, 아침에 사모님이 차려 주시는 밥을 먹고 곧장 서면의 직장으로 출근했다.

출근할 때마다 버스 안에서 내 또래 친구들이 버버리 코트를 입고 007 가방이라 불렀던 대학생 가방을 들고 있는 것을 보면 너무 부러웠다. 그래서 나도 대학생 스타일로 꾸미고 싶어 의복과 가방을 준비했다.

그러고 나서 가방에 뭔가를 넣고 다녀야 한다는 생각에 고민하다가 교회 테이블 위에 수북이 쌓인 전도지를 가방 가득히 넣고 다니기로 결심했다.

당시 나는 신기하게도 술과 담배가 끊어지고 전도하는 것이 너무 좋아서 혼자서도 시간만 나면 전도지를 들고 길거리로 나갔던 때였다.

전도하기 위해 교회를 나서기 전에는 충분히 기도로 준비했고 그때마다 하나님께서 담대한 마음을 주셨다. 전도하다가 욕을 먹어도 행복했고, 물벼락을 맞아도 행복했다. 그러는 가운데 전도를 나서면서 나름 구호를 외치곤 했는데 그 구호는 이것이었다.

"오늘은 주를 위해 죽기 좋은 날!"

오늘 순교하자는 각오로 교회를 나서면 그 어느 누구도 두렵지 않았던 것이다.

버스 전도를 결심한 후 출퇴근할 때마다 버스 안에서 3분 정도 짧게 전도 메세지를 전하고 전도지를 나눠 주는 일을 매일 반복했다. 이처럼 전도를 시작하고부터 출퇴근 시간에 타고 다니던 버스는 매일 3분 설교를 하는 교회가 되었다. 3분 정도의 시간에 "우리 인간이 꼭 알아야 하는 세 가지"라는 주제로 메세지를 전했던 것을 기억한다. 그 세 가지 내용은 다음과 같다.

첫째, 하나님을 믿어야 복을 받는다.
미국이 세계에서 가장 힘 있고 부자 나라가 된 이유를 이렇게 설명했다. 미국의 지폐에 "In God we trust"(우리는 하나님을 믿는다.)고 기록이 되어 있는데 미국은 이렇게 하나님을 믿어 복을 받았다는 것, 그래서 미국은 300년 만에 전 세계를 지배하는 대국이 되었다는 메시지였다.

둘째, 예수님은 다시 오신다.
1980년대 초 "러시아의 상공에 나타난 하나님의 사인"이라는 기사의 내용으로 전도한 내용이다.
러시아 모스크바 남부 도시의 푸른 하늘에 갑자기 사람의 손가락 같은 것이 나타나 글씨를 쓰는데 마치 구름으로 글을 쓰듯이 파란 도화지 같은 하늘에 흰 색의 글씨로 다음의 내용들을 썼다는 것이다.

> 지금은 내 백성의 겨울이다.
> 악인 중에 의인이 거하지 않을 것이고, 의인 중에 악인이 거하지 않게 될 것이다.
> 내가 다시 오리라.
> 내가 상을 갖고 오리라.
> …

2,000년 전에 이 땅에 오셨다가 십자가에서 죽으시고 부활 승천하신 예수님은 언젠가 다시 오시는데 그때는 심판의 주로 오실 것이라고 전했다.

셋째, 사람은 모두 죽는다.

사람은 모두가 죽는데 죽음으로 끝나는 것이 아니다. 그 이후에는 하나님의 심판이 있고, 천국과 지옥으로 나뉘어 영원히 살게 된다는 메시지를 전했다.

끝으로 내 말을 들어주셔서 감사하고 평안히 가시라는 인사와 함께 나중에 천국에서 뵙자는 말로 전도를 마쳤다.

그런데 어느 날 저녁 퇴근 시간이었다. 그날은 모처럼 집으로 가는 날이었다.

서면에서 35번 버스를 타고 집으로 퇴근하는 길에 버스는 남포동을 지나 토성동을 향하고 있었다. 성령께서 일어나서 전도하라고 재촉하셨지만 나는 버스 안 분위기가 전도할 분위기가 아닌 것 같아 버티고 있었다. 버스 안의 라디오 소리가 너무 크게 들렸고 사람들로 꽉 차 있었기 때문이었다.

성령께서 나에게 말씀하셨다.

"일어나! 일어서기만 해!"

그러나 모처럼 앉은 자리를 빼앗기기 싫었고 전도하다가 동네 사람들을 만나게 될까 봐 내심 두려움도 있었기에 자리에 그냥 앉아 있었다.

그러는 동안 버스는 이미 토성동을 지나 아미동 고개를 올라가고 있었다. 그런데 운전사가 갑자기 라디오를 끄는 것이다.

나는 깜짝 놀라며 뒤를 돌아보았다. 그동안 사람들이 내린 탓에 버스 안은 전도하기에 적당한 분위기로 준비되어 있었다.

이젠 더 이상 못 한다고 핑계 댈 이유가 없었다. 어쩔 수 없이 억지로 자리에서 일어나 운전기사님께 잠깐 전도를 하겠다고 하니 무슨 말인지 못 알아듣는 듯했다. 다시 그의 귀에 대고 담대하게 "예수님 좀 전하겠습니다!" 했더니 무슨 이유에서인지 망설임 없이 승낙해 주셨다.

운전석 바로 뒤쪽의 기둥을 붙잡고 버스 안의 사람들을 마주하며 섰다.

"안녕하십니까?"라는 말로 운을 떼기 시작했는데 처음에는 눈을 마주하기 어려울 정도로 사람들이 커 보였다. 그러나 시간이 지나면서 사람들이 개미처럼 작게 보여서 전도하다가 웃을 뻔했다. 모든 사람이 내 말에 집중했고 너무나도 성공적으로 버스 전도를 마쳤다.

항상 하던 대로 버스에서 내리기 한 정류장 전쯤에 전도를 마쳤고 잠시 기다렸다가 집 앞에서 내렸다. 그런데 버스에서 내리자마자 주위에서 웅성거리는 소리로 가득했다. 성령님께서 나를 포근히 안아 주시는데 그 느낌이 너무나 따뜻했다.

그리고 내 귀에 말씀해 주시는 게 아닌가!

"잘했어, 잘했어"

그 순간 내 주위에서는 박수 소리가 울려 퍼지기 시작했다.

우레와 같은 박수!

"후다다다다! 퍼퍽퍼득퍽 …"

그 박수 소리는 뭔가 이상했다. 사람들의 박수 소리는 "짝짝짝…"인데 그 소리는 사람들의 박수 소리가 아니라 마치 수십 마리의 닭이 모이를 먹기 위해 몰려들 때 내는 날갯짓 소리처럼 들렸던 것이다.

그때는 그 소리의 비밀을 몰랐는데 신학교에 진학하고 성경을 공부하다가 천사의 날개에 대하여 이해하게 되었다.

이사야서 6장의 하나님 앞의 '스랍 천사'들은 여섯 날개를 가지고 있는데 두 날개로는 날며, 두 날개로는 얼굴을 가리고, 두 날개로는 발을 가린다는 것을 알게 되었다.

하나님 앞에서 천사는 날개로 자신을 가렸는데, 내 곁에 있던 천사들은 그 날개로 전도하는 나에게 박수를 쳐 주었구나 하는 생각이 들면서 전율을 느꼈었다.

천사들의 박수 치는 소리를 가늠해 볼 때 십여 명의 천사들이 내 주의에 있었던 것으로 기억된다. 그 천사들은 나의 평생에 나와 함께했고, 지금도 내 곁에 머무르고 있으리라 믿는다.

히브리서 1장 14절 말씀처럼 말이다.

> 모든 천사들은 섬기는 영으로서 구원받을 상속자들을 위하여 섬기라고 보내심이 아니냐(히 1:14).

그때 이후로 나의 전도 생활은 더욱 전투적으로 변했다.

내 생활의 중심은 교회였다. 이전에는 직장에서 퇴근하면 술집으로 가던 발걸음이 이제는 교회를 향하게 되었다. 일주일에 집으로 가는 날보다 교회로 가는 날이 더 많아졌다.

당연히 출퇴근길의 버스 안은 나의 전도 현장이 되었고 3분 정도의 짧은 전도 메시지로 사람들을 집중시키고 전도했던 것은 설교를 훈련시키시려는 하나님의 계획이라는 것을 나중에 알게 되었다.

3년간 공부했던 수도성경전문학교에서의 합숙훈련 기간은 나에게 말씀을 무장시키는 최고의 교육 기간이었다.
　매일 성경을 10장씩 읽어야 했고 매주 토요일에는 성경 시험을 치뤄야 했던 그때의 수업 과정은 평생의 자산이 되었고, 추억으로 풍성한 시간들이었다.
　약 1년간의 버스 전도는 나에게 사람들 앞에서 담대하게 설수 있게 했던 담력 훈련 기간이었고, 3분 메시지는 설교 연습 시간 이었다. 이때의 경험들이 있었기에 성경학교와 신학교에서 설교대회에 출전하면 무조건 1등이었다.
　1987년 내 나이 25세가 되었을 때 나는 하나님의 부르심을 받았다.
　서울의 유명한 교회에서 전도사로 있던 친구가 날마다 전화해서 서울로 오라고 독촉했다.
　"너 계속 그러고 있다가는 롯의 아내처럼 소금 기둥 된다…."
　'나는 교회에서 가장 어린 총각 집사로 교회를 섬겼고 누구보다도 전도에 열심이었는데 … 소금 기둥?'
　친구의 협박(?) 같은 말에 조금도 동요하지 않았는데 어느 순간 나도 모르게 친구의 말이 내 귀에서 메아리 소리처럼 반복적으로 들려왔다. 시간이 지남에 따라서는 하나님의 음성으로 느껴지기 시작했다.
　나의 고민을 안○훈 담임전도사님께 말씀드렸더니 펄쩍 뛰시며 말씀하셨다.
　"김 집사님은 앞으로 우리 교회의 장로가 되어야 합니다. 제가 벌써부터 그렇게 기도하고 있었습니다."
　그러시며 더 기도해 보라고 하셨다.

그러던 어느 날 안 전도사님이 나를 부르셔서 권면하셨다.
"서울로 가서 신학을 하시고 훌륭한 목회자가 되십시요."
전도사님이 기도하시던 중에 응답을 받으셨다는 것이다.
적극적으로 격려해 주시며 신학교도 소개해 주겠다고 하셨다.
모든 것이 일사천리로 진행되었다. 25세의 청년이 된 나는 친구들이 부러워하던 직장에 사표를 내고 배낭 하나에 성경책과 옷가지를 챙겨서 서울로 올라왔다. 이렇게 해서 서울에서의 기나긴 인생 여정이 시작되었던 것이다.

그 즈음 우리 집과 교회에 진행된 하나님의 섭리는 놀라웠다.
임마누엘교회의 모든 일을 혼자서 감당하다가 신학을 하기로 결심한 순간 나의 동생 선화, 연옥, 만수가 교회를 나오기 시작했다. 그들은 교회의 핵심 멤버가 되었고 사촌 여동생 선자도 합류하면서 각자의 친구들을 전도하는 바람에 순식간에 청년부가 부흥하게 되었다.

교회가 부흥해 감천에서 서대신동의 큰 교회로 이전하게 되었고 교회 이름도 서대신중앙교회로 바뀌었다. 그리고 교회는 청년들이 5-60명이나 되는 제법 교회다운 교회로 성장하게 되었다.

그 후 신학교를 다니다 방학을 하면 부모님과 형제들이 살고 있는 부산으로 내려가곤 했다. 그때마다 서대신중앙교회를 방문했었는데 나를 영웅처럼 맞아 주던 기억들이 생생하다.

전도의 중요성에 대해 더 이상 뭐라고 말하겠는가?
영혼 구원에 대한 간절한 열망이 있었기에 나의 아버지도 천국에 가셨고 남은 어머니와 형제들 모두가 천국의 소망을 가지고 살아가고 있질 않는가?
이 책을 읽는 독자분들 중 한 분도 빠짐없이 천국에서 만나게 되기를 소망한다.

제4부

웰빙(Well-being)과 웰다잉(Well-dying)

제1장 웰빙(Well-being)의 삶

1. 웰빙의 삶을 위한 최고의 제안: 신의 성품으로 살자

제2장 웰다잉(Well-dying)을 위하여

1. 의사들의 방문 서비스 확대
2. 호스피스 보호사 양성과 돌봄센터 설립
3. 연명치료 거부 의사 확인의 필요성

제3장 웰다잉(Well-dying)

1. 웰다잉(Well-dying)이란 무엇인가?
2. 웰다잉(Well-dying)의 죽음

제4장 죽음 이후의 세계, 천국을 바라보며

1. 죽음은 끝이 아니며 새로운 삶을 시작하는 것이다
2. 우리 모두 예수님 믿고 천국 갑시다
3. 타락한 기독교인들은 회개해야 천국 간다

제1장

웰빙(Well-being)의 삶

어떻게 살아야 하는가에 대한 대답은 결코 쉽지 않다.

보편적으로 "잘 산다"는 말의 뜻은 "부자로 산다"라는 말로 이해되기 때문에 잘 살라는 말도 쉽게 할 수가 없다.

부모들이 결혼하는 자녀들에게 "잘 살아라!" 할 때는 싸우지 말고 자식들 낳아서 행복하게 살라는 염원이 담겨 있다면, 출소하는 범죄자에게 교도소의 소장이 "잘 살아라!" 할 때는 더 이상 범죄하지 말고 바르게 살라는 뜻이 담겨 있을 것이다.

필자가 말하고 싶은 "잘 살아라"라는 말의 핵심은 모두에게 인정받는 산소 같은 삶, 행복한 삶을 살라는 것이다.

"성실하게 살아라!"

"정직하게 살아라!"

"바르게 살아라!"

"후회 없이 살아라!"

"화목하게 살아라!"

"기쁘게 살아라!"

"건강하게 오래 살아라!"

"행복하게 살아라!"

필자는 독자들에게 구체적으로 이렇게 권하고 싶다.

첫째, 음악을 친구로 두라.

시대마다 유행하는 음악이 다르지만 각 사람이 좋아하는 음악은 항상 우리 곁에 있다. 나는 혼자서도 장거리 여행을 좋아한다. 그 때마다 좋아하는 팝송들을 듣는다.

도나파르고의 〈The Happiest Girls In The Whole U.S.A.〉, 사이먼과 카펑클의 〈스카브로우의 추억〉, 아바(ABBA)의 명곡들, 퀸의 명곡들, 보니 엠, 존 덴버 등의 추억의 팝송들을 좋아한다.

사라 브라이트만의 클래식한 노래들도 좋아하고, 영국 성공회 교회에서 탄생한 어린이 합창단 '리베라'의 노래들을 좋아한다. 영어로도 부르고, 라틴어로도 부르는 리베라의 곡들은 대부분 성가곡과 같은 분위기인데 볼륨을 크게 해서 듣다 보면 천사들이 노래하는 것으로 착각할 정도로 아름답다.

요즈음은 힐송(hillsong)에 푹 빠져서 살고 있다. 특히, 최근에는 〈what a beautiful name is〉라는 곡에 푹 빠져 있다.

이같이 아름다운 노래들은 나를 추억이 깃든 어린 시절로 인도하며 현실 삶 속에 최고의 가치를 느끼며 하며, 장밋빛의 아름다운 미래를 꿈꾸게 한다.

둘째, 취미생활을 하라.

나는 탁구를 좋아한다. 운동도 되고 실력도 늘어가는 재미가 정말 쏠쏠하다. 3년 전에 지역 부수로 7부로 시작했는데 이제는 4부 실력이 되었다. 일주일에 3일 정도를 탁구장에 가는데 나의 실력이 늘어 감에 따라 고수들에게는 점점 부담스런(?) 존재가 되어 가고, 하수들은 나를 부러움의 대상으로 본다.

내 입장에서는 고수들을 만나면 한 수 배움의 기회가 되어 좋고, 하수들을 만나면 한 수 가르쳐 주는 기회가 되니 이래저래 탁구라는 운동은 좋은 취미생활이 된다.

셋째, 좋은 사람들과 많은 교제를 하라.

부부간에 일주일에 한 번씩 나들이 겸 외식을 하는 것이 좋다. 늙으신 부모님이 계시면 일주일에 한 번 정도는 함께 나들이를 하고 식사를 하라. 그리고 좋은 친구들을 사귀라. 삶이 더욱 풍성해질 것이다.

넷째, 선하게 살라.

구제하고 봉사하며 살아야 한다. 이기적인 사람이 아닌 이타적인 삶을 살아야 한다. 나보다 약하고 불행한 사람들을 돌아보고 그들을 도우며 살라. 위험에 빠진 동물들을 구해 주면 그들도 감사한 마음을 가지고 고마움을 표현한다. 유기견이나 유기묘를 입양해서 기르는 것도 좋을 것 같다.

자연을 사랑하고 동물을 보호하고 선한 마음으로 살아가다 보면 어느 순간 삶의 보람을 느끼고 내세의 소망이 생겨날 것이다. 우리 삶의 순간순간의 일들을 하나님의 천사들이 관찰하고 있고, 하나님께 보고하기 때문이다.

다섯째, 신앙생활을 하라.

나는 목사니까 우선적으로 기독교를 권하고 싶다. 어릴 적 수시로 매를 드시던 아버지와 달리 수시로 맛있는 것을 사 주시고 신앙적으로 권면해 주시던 집사님들은 참으로 멋진 분들이었다.

교회 안에는 다양한 부류의 사람들이 있는데 그중에 아름다운 신앙을 가지신 분들 때문에 교회가 귀하고 아름다운 것이다. 객관적으로 보더라도 돈이 최고라고 하면서 "돈! 돈! 돈!" 하는 세상 사람들의 삶의 스타일보다 봉사하고 헌신하며 자신을 희생하고 영원한 천국을 바라보는 사람들의 모임은 참으로 아름답다는 생각이 든다.

기독교를 선택하고 교회로 나가는 것의 선택은 여러분의 몫이다. 신앙생활 속에는 같은 신앙을 가진 이들과 풍성한 교제를 나눌 수 있다. 가장 좋은 것은 마음에 위로를 받을 수 있다는 것이다.

설명하기가 쉽지 않지만 성령님의 도우심을 경험할 수 있고, 신앙생활 하는 중에 기적과 같은 일들을 경험하는 경우가 많은데 그 이유는 하나님께서 함께해 주시기 때문이고 성령께서 함께하시기 때문이며 우리 곁에는 천사들이 함께하기 때문이다.

천사들의 섬김을 받는 삶이 신앙생활이다.

1. 웰빙의 삶을 위한 최고의 제안: 신의 성품으로 살자

오늘날 현대 사회는 전 세계적으로 탈기독교화를 꾀하고 있다. 성경의 가르침을 정면으로 부정하고자 하는 운동이 일어나고 있다.

인본주의, 쾌락주의, 물질주의, 성의 구별을 파괴하고, 가정을 파괴하고, 우리가 가진 모든 질서의 가장 근원적인 것들을 파괴하려 하고 있다.

도대체 누가 그러는가?

그 출발은 사탄이며 지금은 사탄의 추종자들(프리메이슨, 일루미나티 …)에 의해 진행되고 있다.

성경 창세기에서 최초로 사탄이 아담과 하와를 이간시키고 하나님과 인간과의 관계를 파괴하려 했던 것처럼 오늘날 현대 사회 속에서도 사탄의 영에 미혹된 사람들이 이런 일들을 추진하고 있는 것이다.

예를 들어, 일부의 여성 단체들이 주장하는 것 중에 낙태에 대한 것을 예로 들자면 낙태는 여성의 자유요, 개인의 권한이라고 주장하고 있다.

태중의 태아는 자신의 피를 받았고, 자신의 눈, 코, 입, 손가락과 피부 등 모든 부분에 자신을 닮은 자신의 자녀인데 그 소중한 생명을 죽여 버리는 살인행위를 법적으로 자유롭게 선택할 수 있도록 허용해 달라는 주장이다.

불교에서는 벌레 한 마리도 죽이지 말라고 가르치는데 심장이 벌떡벌떡 뛰며 놀라운 생명의 신비로운 잉태와 성장 과정에서 완벽하게 오감과 인격을 갖춘 사람으로 성장하고 있는 어린 태아를 칼과 가위로 난도질해서 죽이고 그 사체를 폐기물로 버리는 것을 법적으로 허용해 달라고?

악마에게 빙의된 사람들일까?

사람의 탈을 쓴 짐승들인가?

아니면 인간형 파충류 괴물 랩틸리언?

제 정신을 가진 정상인이라면 어찌 이런 발상을 할 수 있단 말인가?

이런 것들을 주장하는 사람들에게 묻고 싶다.

법적이건 윤리적이건 간에 그 어떤 제약이 없다고 할 때 수많은 여성이 자기 태에서 자라고 있는 태아를 죽였을 때 양심의 가책이 전혀 없느냐고 묻고 싶다.

잔인하게 죽어 간 태아는 쥐의 태아가 아니고, 개나 고양이의 태아가 아니고 사람의 태아, 자기 자신의 생명을 나눠 가진 자신의 태아인데?

자신의 태아를 죽이는 데 조금도 양심의 찔림이 없었느냐고 묻고 싶다. 그리고 혹시 꿈에서라도 아이의 울음소리가 들리지 않았느냐고 묻고 싶다.

아이들의 육체는 그렇게 잔인하게 죽임을 당하여 사라져 없어졌지만 그들의 영혼은 지금 하나님의 곁에 살아 있을 것이다.

앞에서 말한 것처럼 성경은 양심에 화인(火印) 맞은 사람에 대해 이야기한다.

양심, 즉 선한 마음을 불로 태워 버린다면 어떻게 될까?

마음에 선함이 없는 상태, 즉 악으로 가득한 상태가 된다. 이런 사람들이 100퍼센트 지옥행인 것은 영원불변의 진리이다.

그러므로 신약성경 디모데전서 3장 9절의 말씀처럼 "깨끗한 양심에 믿음의 비밀을 가진 자"가 천국 백성의 기본 조건인 것이다. 지금 우리는 성경을 읽어야 한다. 그리고 성경의 기준을 이해해야 한다.

이 시대는 너무나도 혼란한 시대이다. 동성애를 법으로 허용하라는 목소리가 높아지고 있다. 낙태를 허용하라는 목소리가 높아지고 있다. 남자와 여자를 구분하지 말라고 하고, 동성 간 결혼을 허용하라는 목소리가 높아지고 있다.

결혼의 목적이 무엇인가?

가정을 이루고 자녀를 생산해야 행복한 가정이 되는 것 아닌가?

동성 간 결혼이 말이 되는가?

동물의 세계에서도 용납되지 않는 가장 상식적인 일을 만물의 영장이라고 하는 사람들이 만들어 가고 있으니 지옥은 동물들이 가는 곳이 아니라 타락한 천사들과 타락한 인간들이 가는 곳이라는 말이 맞다.

동성애자들은 자녀는 입양하면 된다는 궁색한 변명을 해 댄다. 그러나 가장 기본적인 가정의 질서가 파괴되면 그 후에는 반드시 사회와 국가에 혼란과 파멸이 따르게 마련이다.

이 모든 주장의 배경에는 사탄이 숨어 있다. 인간을 타락시켜 지옥으로 끌고 가려는 교묘한 유혹이 있는 것이다.

우리가 일생을 살아가면서 어떤 책을 읽고, 어떻게 공부하는가는 무엇보다도 중요하다.

과거의 예를 들자면, 칼 마르크스와 레닌의 글을 읽은 사람, 그리고 김일성의 회고록으로 알려진 『세기와 더불어』를 읽은 사람들 중 많은 사람이 공산주의자가 되었다.

마지막으로 애정 어린 충고를 하고 싶다.

성경을 읽어 보라. 과연 성경의 내용이 얼마나 신적(神的)이며, 객관적이며, 과학적이며, 역사적인가를 확인해 보라.

2,000년 전 아니 3,000년 전에 기록된 책의 내용이 최소한 3,000년 전(BC 4000년)에 있었던 일을 명확하게 증언하고 있고, 더욱 놀라운 사실은 3,000년 후 미래의 일(우리가 살고 있는 현재)을 말하고 있으니 이 어찌 놀라지 않을 수 있겠는가?

그리고 그토록 두꺼운 성경 전체에서 계속적으로 강조하는 인물이 예수라는 사실을 알고 나면 예수가 누구인지 궁금한 것은 당연한 일이다.

예수님이 세상에 오셔서 우리에게 보여 주신 것은 신의 성품이다. 예수님은 구약에 기록된 말씀의 현현이다. 예수님의 삶은 하나님의 성품에 대해 다양한 부분을 알게 하신다.

1) 신의성품 1: 거룩과 성결

하나님의 대표적 성품은 '거룩'과 '성결'이다.
이스라엘을 애굽에서 이끌어 내신 하나님은 온 이스라엘 백성들을 향해 명령하셨다.

> … 내가 거룩하니 너희도 거룩하라(레 11:45).

이사야 선지자는 이렇게 선포했다.

> 여호와께서 열방의 목전에서 그의 거룩한 팔을 나타내셨으므로 땅 끝까지도 모두 우리 하나님의 구원을 보았도다(사 52:10).

여기서 하나님의 거룩한 팔은 예수님을 가리키는 말이다. 예수님은 거룩한 분이시다. 예수님과 우리와의 관계에서 분명하게 구별되는 부분이 있다면 그것은 죄가 하나도 없으시다는 사실이다.
예수님께서 제자들에게 행위에 의한 죄뿐만 아니라 마음으로 범하는 죄의 부분까지도 책망하신 부분이 그것을 증명한다.
청교도 복음주의를 대표하는 제임스 패커는 복음주의자들에게 있어서 가장 큰 문제는 성결을 잃어버린 것이라고 지적한다. 그리고 성결이 빛을 잃은 네 가지 이유를 다음과 같이 든다.

첫째, 자유주의와 세속주의와의 논쟁에 몰두하여 복음주의자들은 성결에 열정적으로 몰입하지 못한다.

둘째, 완전한 성화, 승리의 삶, 제2의 축복 등으로 성결의 가르침에 대해서는 환멸을 느낀다.

셋째, 성경을 가르치는 이들에게 성경적 이해, 신학적 깊이, 인간 이해가 결여되어 있다.

넷째, 죄를 미워하시는 하나님의 거룩하심에 민감하지 못하다.

2) 신의성품 2: 사랑

요한일서 4장 16절에 "하나님은 사랑이시라"라는 말씀이 있다. '사랑'은 하나님의 성품 중 가장 중요하게 언급된다.

예수님은 구약성경에서 가장 핵심되는 내용을 이렇게 설명하신다.

> 예수께서 이르시되 네 마음을 다하고 목숨을 다하고 뜻을 다하여
> 주 너의 하나님을 사랑하라 하셨으니 이것이 첫째되는 계명이요
> 둘째도 그와 같으니 네 이웃을 네 자신같이 사랑하라 하셨으니
> 이 두 계명이 온 율법과 선지자의 강령이니라(마 22:37-40).

온 율법과 선지자의 강령이 무엇인가?
"율법"은 창세기, 출애굽기, 레위기, 민수기, 신명기를 말한다.
"선지자"는 이사야서로부터 말라기서까지 12권의 선지서를 가리킨다.

예수님의 설명은 구약성경 전체를 말씀하시려는 의도라고 해석된다. 구약성경 전체를 함축한 내용이 "하나님 사랑, 이웃 사랑"이라고 정리되고, 구약성경 전체를 한 단어로 설명하자면 "사랑"이라는 말씀이다.

예수님이 제자들에게 남기신 대표적 유언은 무엇일까?

> … 내가 너희를 사랑한 것 같이 너희도 서로 사랑하라(요 13:34).

3) 신의성품 3: 순종

예수님의 삶에서 '순종'이라는 덕목은 십자가의 죽음에서 빛을 발한다. 겟세마네 동산의 기도에서 발견하는 예수님의 육신적 본능은 생존의 본능이었다.

> 이 잔을 내게서 옮기시옵소서(막 14:36b).

죽음을 피하시려는 그 본능은 사람뿐만 아니라 하찮은 파리나 모기조차도 가지고 있는 본능이다. 그러나 자신의 생명을 포기해야 하는 선택의 기로에서 예수님은 죽음을 택하셨다.

> 나의 원대로 마시옵고 아버지의 원대로 하옵소서(막 14:36c).

죽음을 피하지 않으시고 기꺼이 십자가에서 죽으셨다.
100퍼센트 순종의 모범을 보이신 것이다.

4) 신의성품 4: 섬김과 희생

제자들의 발을 씻기신 예수님의 모습에서 섬김의 진수를 배운다. 예수님께서 섬김의 본을 보이신 후 제자들에게 가르치셨다.

> 그러므로 무엇이든지 남에게 대접을 받고자 하는 대로 너희도 남을 대접하라 이것이 율법이요 선지자니라(마 7:12).

우리도 예수님처럼 성령 충만을 받고 성결과 순종과 사랑과 섬김, 그리고 자신을 희생하는 삶을 살아 보자.

예수님이 우리에게 보여 주시려는 가장 대표적인 모습은 십자가를 지고 죽으시는 모습일 것이다. 그 순종과 섬김과 희생의 십자가로 온 인류를 살리셨으니 말이다.

아직도 예수님을 알지 못하는 이들이 있다면 이렇게 말하고 싶다. "마음을 두드리시는 성령을 모셔 들이고 예수를 믿으세요."

지금까지 보지 못한 영의 세계를 알게 되고, 영원한 세계를 느끼게 될 것이다.

무엇이든지 선택하는 일에 있어서 옳고 그름을 판단할 수 있는 분별력이 생기고 가장 객관적인 판단 기준이 생기게 될 것이기 때문이다.

그리고 지금 교회를 다니며 믿음을 가지고 천국을 소망하고 계시는 모든 분께 권하고 싶다.

"예수님을 닮은 신앙인이 되고 싶다면 예수님의 성품을 이해하고 예수님께서 몸소 보여 주신 신의 성품으로 삽시다!"

제2장

웰다잉(Well-dying)을 위하여

웰빙(Well-being)이 중요한 만큼 웰다잉(Well-dying)도 중요하다.

2022년 지금 이 시대를 살아가는 사람들은 100세 시대를 지향한다. 우리나라는 물론 전 세계인의 수명이 점점 늘나고 있다.

이러한 전 세계적인 고령화 사회를 경험하면서 웰다잉에 대한 관심도 높아지고 있다. 우리나라의 현실은 이미 고령화 사회를 지나 초고령화 사회를 향하여 질주하고 있다.

그러므로 2008년부터 노인장기요양보험제도가 시작되었고 '가정봉사원' 과 '요양보호사'라는 새로운 직업이 생겨났다. 요양보호사들은 요양원에 입소한 어르신들을 돌보거나, 각 가정으로 파견되어 가정에서 생활하시는 어르신들을 돌본다.

현재 우리나라에서 시행하는 장기요양보험제도는 독일의 수발보험제도와 일본의 개호보험제도를 원형으로 하여 만들어졌다.

인구의 고령화에 따른 자연스러운 노인 복지 서비스의 필요 수요에 따른 현상인 것이다.

이와 같은 노인 복지 서비스의 확대 필요성에 발맞추어 대한민국 정부에서 새롭게 추진해야 할 서비스가 있는데 그중에 몇 가지는 다음과 같다.

1. 의사들의 방문 서비스 확대

어르신들이 집단으로 생활하는 요양원이나 단기 보호시설에서는 촉탁의(囑託醫)제도를 시행하고 있다.

주기적으로 진행되는 건강보험공단의 평가에서 가산점을 받기 위해서 가까운 지역의 의사들과 촉탁 계약을 맺고 의사들이 시설에 방문하여 입소 중인 어르신들에게 의료 서비스를 제공하는 것이다.

촉탁의의 방문 서비스가 필요한 이유는 시설에 입소한 어르신 중에는 와상(臥床) 상태로 누워서 생활하는 분들이 많기 때문이다.

스스로 걸을 수 없는 어르신들을 병원으로 모시고 가는 일은 보통 어려운 일이 아니다. 최소한 두 사람 이상이 필요하고 앰뷸런스를 동원해야 이동이 가능하기 때문이다.

그런데 문제는 우리나라는 제도적으로 방문의료제도가 없다는 것이다. 시설 입소한 어르신 외에도 자신의 집에서 요양 서비스를 받는 분들이 헤아릴 수 없이 많은데 그중에는 와상 상태의 환자들도 많기 때문이다.

현재 우리나라의 장기요양 서비스에 방문간호 서비스는 있지만 방문의료 서비스는 없다. 장기요양 서비스에 방문의료 서비스가 필요한 이유는 이 때문이다.

과거 미국의 예를 들면, 1930년대의 방문의료 서비스 비중은 40퍼센트에 달했다. 그러나 1980년대에는 1퍼센트 미만으로 감소했다.

효율성을 따진다면 의사가 개별적으로 방문치료를 하는 것보다 환자들이 병원을 찾아 의사에게 진료를 받는것이 훨신 효율적이기 때문이다. 그러다 보니 방문의료 서비스는 사라지는 듯했다.

그러나 최근 미국에서는 의료 서비스를 받는 사례가 점점 늘어나고 있다. 집으로 방문하는 것 외에도 직장으로도 방문의료를 실시하고 있다는 것이다.

미국 경제전문지 「월스트리트저널」(WSJ)에 따르면, 비용을 더 지불하더라도 원하는 시간에 원하는 장소에서 치료받는 방문의료 서비스 수요가 점점 증가하는 추세이며 이러한 추세는 미국 전역으로 확대되고 있다는 것이다.

이와 마찬가지로 우리나라에서도 의사들의 방문 서비스의 시행이 필요하다는 말이다.

2. 호스피스 보호사 양성과 돌봄센터 설립

노인 인구의 증가에 따라 죽음을 준비하는 노인들이 더욱 많아지고 있는 현실 속에서 웰다잉을 위한 제도적인 지원은 당연히 필요하다. 이처럼 죽음을 앞둔 이들이 많아지고 있다면 이들이 편안한 죽음을 맞을 수 있도록 제도적 시스템을 마련해야 한다는 말이다.

종합병원마다 호스피스 병동을 의무적으로 운영하도록 해야 하며, 필요수에 따른 호스피스보호사들을 채용하여 호스피스 서비스를 제공해야 한다.

현재 우리나라의 65세 이상 노인 인구는 900만 명을 바라보고 있고, 2025년에는 약 1,100만 명, 2040년에는 전 국민의 35퍼센트 정도가 노인이 될 것으로 전망하고 있다. 2040년쯤에는 3명중 1명이 노인이라는 말이다.

그리고 현재 우리나라의 암 환자도 800만 이상이라고 하니 전체 국민 7명 중 1명은 암 환자라는 말이다. 노인 인구가 많아지고 암 환자가 많아진다는 것은 죽음을 앞에 둔 사람들이 급격히 많아진다는 말이다. 이것이 이들을 위한 사회적 서비스가 절실한 이유이다.

그뿐만 아니라 암 환자들의 수가 늘어나는 추세에 있고, 암으로부터 회복되는 이들의 수치도 증가하고 있다. 실제로 암 환자들의 회복율은 70퍼센트 정도 된다고 한다. 암이 급속히 진행되어 죽음에 이르는 이들을 위해서도 호스피스보호사들의 역할이 필요하지만 암에서 해방된 이들을 위한 정서적 지원도 필요하다. 실제로 암을 치료받은 이들 중 많은 사람이 암 재발에 대환 두려움과 불안감을 여전히 가지고 있음이 밝혀지고 있다.

우리나라의 호스피스 사역은 천주교에서 먼저 시작하여 전국의 성모병원을 중심으로 호스피스 서비스가 시행되고 있었다.

그러나 그동안 개신교 쪽에서는 호스피스의 필요성에 대해 별다른 인식이 형성되지 못하는 듯했다. 다행한 것은 최근 개신교 쪽에서도 의식이 있는 목회자나 교수들 사이에서 호스피스에 대한 관심과 연구가 점점 확대되어 가고 있다는 것이다.

특히, 부산의 방성기 목사(한국호스피스돌봄협회 대표)는 호스피스 교육과정을 개설하고 온라인 교육과 오프라인 교육을 병행하여 호스피스들을 양성하고 있다.

우리나라에서도 미국을 비롯한 선진국 수준의 호스피스 서비스가 정착됨으로 임종 직전의 말기암 환자나 중증의 고령자들에게 웰다잉 서비스가 시행되려면 정부 차원의 정책과 지원이 절실한 상황이다.

돌봄 센터란 요양보호사에 의해 서비스가 공급되는 요양시설처럼 병원에서 더 이상 치료가 불가능하다고 판단한 임종 전 환자들을 모시는 시설로서 요양 서비스와 호스피스 서비스가 동시에 이뤄지는 센터를 말한다.

호스피스보호사들의 인건비 지원이 전제되어야 하며 가정과 같은 소규모로부터 대형 병원과 같은 대규모 시설의 허가와 지원이 필요하다는 말이다.

의사나 간호사의 방문 서비스와 병행된다면 호스피스돌봄센터의 운영에도 큰 도움이 될 것이다.

3. 연명치료 거부 의사 확인의 필요성

우리가 일생을 살아가는 중에 죽음이 다가오는 순간이 있다. 인간의 자연수명이 다해 갈 무렵 누구에게나 죽음의 과정은 예측이 힘든 것이 현실이다.

잠을 자는 동안 평안히 죽음의 세계로 들어간다면 얼마나 좋을까? 우리 어머니의 평생 기도 제목 중에 빠지지 않은 것이 "하나님, 저의 마지막 때 잠을 자는 동안에 천국 가게 해 주세요"라는 기도였다. 많은 사람이 그러한 종말을 기대하지만 안타깝게도 대부분의 사람은 여러 가지 질환으로 고생하다가 생을 마친다.

대부분 인간의 종말이 질병과 고통으로 마감되는 것을 신학적 입장에서 해석해 본다면 하나님께서 주시는 마지막 회개의 기회라고 생각한다. 누구든지 늙고 병이 들면 자신이라는 존재의 미약함을 절감하게 되고 누군가를 의지하게 된다.

평생 살아오면서 기독교 신앙을 가진 이들은 당연히 하나님 앞에 긍휼을 구하게 될 것이고, 누군가로부터 신앙을 권유받은 경험이 있는 사람도 신앙을 가지려는 마음이 강하게 작용될 수 있는 기회가 될 것이다.

그런데 왜 연명치료를 거부해야 할까?

건강한 사람 속에서도 천국을 소망했던 바울을 생각해 보면 우리 크리스천들은 늙고 병든 상태에서 많은 비용과 고통이 수반되는 중환자실의 삶을 거부한다는 입장이다. 그러므로 적극적으로 연명치료를 거부하는 이들은 대부분 내세에 대한 믿음과 구원에 대한 분명한 확신이 있는 사람들일 것이다.

그러므로 늙어가는 노인들에게는 '사전의료의향서'(死前醫療意向書) 작성이 필요하다. 연명치료를 거부한다는 자신의 의지적 표현을 담은 서류가 사전의료의향서이다.

현시대는 전 세계적으로 각 나라의 노인성 질환을 가진 환자의 비율이 점점 더 높아지고 있다. 고혈압이나 당뇨, 치매 환자들이 급속히 늘어나고 있다. 중증환자나 암 환자 발생율도 점점 증가하고 있다. 그뿐만 아니라 각종 사고도 늘어나고 사망자의 숫자도 점점 늘어나고 있다.

모든 인간에게 주어진 권한에는 자신의 삶에 대한 권한도 있지만 죽음에 대한 권한도 보장되어야 한다.

여기서 죽음에 대한 권한이란 무엇인가?

존엄한 죽음에 대한 권한을 말한다.

누구든지 품위 있게 죽기를 원한다.

가장 존엄하며 품위 있는 죽음이란 자신의 가족들의 품에 안겨 죽음에 이르는 것이 아닌가 싶다.

하지만 우리는 현실적으로 중환자실에서 온 몸에 각종 튜브들을 매달고 흉측한 모습으로 죽음을 맞고 난 후에야 가족들에게 인계되는 경우들을 볼 수 있다. 현시대를 사는 대부분의 노인들은 병원에서 임종을 맞게 되는 현실을 감안할 때 자신의 종말에 대한 선택의 권한을 부여해야 한다는 말이다.

사실 중환자실에서 연명치료를 하게 될 때 상당한 금액의 병원비가 필요하다. 자신의 자연수명이 다하여 가는 시점에 진통제를 비롯한 갖가지 약물로 짧게는 수주, 길게는 수개월 이상을 연명하는 동안 많은 비용을 지불해야 한다.

부모 입장에서는 가능하면 얼마씩이라도 자신의 자녀들에게 유산을 남기고 싶어 하는데 평생 벌어 놓은 재산을 병원에 갖다 바치고 싶은 사람은 없을 것이기 때문이다. 자신이 늙고 병들어 병원비로 남은 재산을 탕진하고 자식들에게도 짐이 되는 것만 아니라 자식들을 빚더미에 앉혀 놓고 죽고 싶은 부모는 아무도 없을 것이다.

그러므로 자신의 임종이 가까운 때를 느낀다면 굳이 산소호흡기를 착용하여 의미 없는 연명치료를 거부할 수 있는 장치가 필요하다. 그러므로 아직 바른 판단력을 가지고 자신의 의사표시를 할 수 있을 때 최소한 산소호흡기를 거부한다는 연명치료 거부 의사를 공식적으로 밝혀 놓을 필요가 있다.

제3장

웰다잉(Well-dying)

1. 웰다잉(Well-dying)이란 무엇인가?

웰빙이 '잘 사는 것'이라면 웰다잉은 '잘 죽는 것'을 말한다.

최소한 본인과 가족, 그리고 타인들의 생각에 한평생 보람 있게, 가치 있게 잘 살다가 자연수명을 마치고 죽었을 때 잘 죽었다는 평가를 받게 되지 않을까?

'호상'(好喪)이라는 말이 있다. 지금의 기준으로라면 최소한 80세 이상의 일생을 누리고 크게 고통 없이 돌아가시는 분들의 장례식을 보통 호상이라고 말한다.

'고종명'(考終命)이라는 말은 동양에서 말하는 오복 중 마지막 다섯 번째 복이다. 자연수명을 다하고 죽는 것을 말한다. 좋은 죽음을 죽어야 한다는 것이다.

장의사였던 칼렙 와일드는 그의 저서 『길들여지지 않는 슬픔에 대하여』에서 일반인들의 죽음에 대한 인식을 안타까워한다. 죽음이 "부정적인 것", "두려운 것", "나쁜 것"이 아니라는 것을 알리기 위해 책을 썼다고 하니 말이다. 그리고 사랑하는 사람의 시신을 장의사들에게 맡길 것이 아니라 유가족이 직접 꾸며 주어야 "훌륭한 죽음", "아름다운 죽음"이 될 수 있다고 역설한다.

일반적으로 장례 산업 종사자들은 사람들에게 다음과 같은 인식을 심어 준다고 한다.

"가족들은 망자를 감당할 능력이 없어요. 무섭고, 복잡하고, 메슥거리고, 슬픈 일이죠. 그래서 우리가 대신 해 드립니다."

과연 그 말이 맞을까?

사랑했던 나의 가족이 영혼이 되어 장례식을 지켜보고 있다면 여러분은 멀찍이서 장례식을 구경만 하겠는가?

마지막 가는 길에도 가능하면 많은 부분을 사랑하는 이들의 손길로 치러진다면 더욱더 아름다운 장례식이 되지 않을까?

2. 웰다잉(Well-dying)의 죽음

잘 죽는다?

잘 산다는 말과는 반대말인 것 같아도 사실은 그렇지가 않다. 잘 죽는다는 말은 잘 산다는 말의 연장이기 때문이다. 앞에서 말한 대로 죽음이란 영혼과 육체의 분리 현상이지 소멸 현상이 아니기 때문이다. 우리의 영혼은 망각의 세계로 사라져 없어지는 것이 아니라 어디에선가 계속적으로 살아 있는 존재이기 때문이다.

물론 기독교를 비롯한 각 종교에서는 영혼의 존재가 천국과 지옥의 삶으로 이어진다고 하지 않던가?

전혀 종교와 상관없는 무종교인이라도 대부분은 자신의 부모가 죽은 이후에라도 그 영혼은 어디에선가 계속적으로 존재한다고 믿는다.

그러므로 현재 나이와 상관없이 우리 인간은 모두가 '죽음'이라는 현실 앞에서 살아가고 있다. 그러므로 이 책을 읽는 독자들에게 웰다잉의 죽음을 권하고 싶다.

1) 당당한 죽음을 준비하라

죽음을 맞는 사람들을 두 부류로 나눌 수 있다.

한 부류는 죽지 않으려고 몸부림치다 죽는 사람들이다.
노인들의 죽음을 살펴보면 그들의 육체는 오랜 세월 살아오는 동안 많은 수고와 온갖 질병으로 사용불가 판정을 받았고, 육체의 수명이 끝나고 죽음의 그림자가 다가오는데도 그의 의식은 "나는 죽을 준비가 아직 안 됐어. 그러니까 지금 죽을 수 없어"라며 절규하는 경우가 있다.

죽음 앞에서 당황하고, 불안해하고, 우왕좌왕하다가 결국은 눈을 뜬 채 죽음을 맞는 사람들이 있다. 젊은 사람들 중에 사고를 만나 그 육체가 더 사용할 수 없도록 망가져 버린 상태에서 자신에게 다가오는 죽음을 환영하지 못하고 완강히 거부하는 등 퀴블러 로스가 5단계로 정리해 놓은 첫 단계대로 부인하고 분노하는 반응을 보인다.

"내가 왜 죽어?"
"죽기 싫어!"
"안 가, 안 가!"
"엄마, 나 좀 살려줘!"

우리 인생이 세상에 올 때 순서가 있다. 그러나 세상을 떠날 때는 순서가 없다. 동생이 형보다 먼저 죽기도 하고, 자식이 부모보다 먼저 죽기도 한다.

그러므로 죽음은 살아 있을 때 준비해야 한다. 언제 죽음이 다가와도 환영하며 당당할 수 있도록 준비해야 한다. 그리고 죽음은 나와 아주 가까운 친구라고 생각해야 한다.

또 다른 부류는 태연하게 죽음을 맞는 사람들이다.

대부분 신앙을 가진 사람들에게서 발견할 수 있다.

기독교인들은 물론 수행하며 해탈을 추구해 온 불교의 고승들도 자신의 죽음을 예감하고 죽음을 차분하게 준비한다. 한편, 신앙생활은 없었으나 욕심을 버리고 건강한 정신으로 살아온 사람들 중에도 당당하게 죽음을 맞는 이들이 있다.

그 대표적인 사람으로 스콧 니어링(Scott Nearing, 1883-1983)을 들 수 있다. 그는 부유한 사업가의 아들로 태어났고 그 이후로 교수가 되었다. 그러나 그는 45세의 나이로 번화한 도시 뉴욕을 떠나 한적한 시골로 이사하여 채식 위주의 건강한 삶을 지향하며 자연과 함께 살다가 죽어 갔다.

정확히 100년, 즉 백수(百壽)의 삶을 누린 그는 살아 있는 동안 장의사에게 돈을 주고 미리 자신의 장례를 준비시켰다. 그리고 죽음을 맞기 십수년 전 1968년에 그는 자신의 죽음을 대비해 30가지 지침을 마련해 두었는데, 그중 몇 가지를 소개하면 다음과 같다.

나는 집에서 죽고 싶다.

나는 의사 없이 죽고 싶다.

나는 지붕이 없는 열린 곳에서 죽고 싶다.

나는 단식을 하다가 죽고 싶다.
나는 죽음의 과정을 예민하게 느끼고 싶다.
따라서 어떤 진정제, 진통제, 마취제도 필요 없다.
나는 주사, 심장충격, 강제급식, 산소주입, 수혈을 바라지 않는다.
내가 죽은 다음에 회한이나 슬픔에 잠길 필요는 없다.
남은 이들은 조용함, 위엄, 이해, 기쁨, 평화로움을 갖춰 죽음의 경험을 나누기 바란다.

100세 생일을 한 달 앞두고 모든 음식을 끊고 과일주스만을 마시다가 그 후부터는 물만 마셨다. 1983년 8월 24일 아침, 그는 침상에서 아메리카 원주민들의 노래를 조용히 불렀다.

"나무처럼 높이 걸어라. 산처럼 강하게 살아라. 봄바람처럼 부드러워라."

평생의 동지이자 아내인 헬렌이 옆에서 말했다.

"몸이 가도록 두어요. 썰물처럼 사세요. 같이 흐르세요. 당신은 훌륭한 삶을 살았어요."

스콧은 "좋아" 하며 숨을 길게 내쉬며 그의 몸은 그대로 두고 그의 영혼은 새로운 길로 떠나갔다.

2) 아름다운 죽음을 준비하라

주로 노인들을 대상으로 진행되는 웰다잉 교육과정 중에는 '유언장 만들기' 시간이 있다. 자녀들에게나 가족, 친족들에게 꼭 남겨야 할 말이 있다면 일목요연하게 작성해서 언제라도 나의 생각을 전할 수 있도록 해야 한다. 그리고 마음으로부터 미리미리 준비해 놓음으로 죽음이 다가올 때 당황하지 않도록 해야 한다.

그리고 오늘날 연명치료를 거부하는 사람들이 늘어나고 있다. 어차피 가야 할 길이라면 품위 있게 죽음을 맞음으로 남은 이들에게 유종의 미가 되도록 하겠다는 것이다.

예를 들자면, 죽음학의 대표 학자 엘리자베스 퀴블러 로스의 장례식을 살펴보자. 그녀는 그녀의 장례식의 하이라이트를 나비가 가득 들은 상자 뚜껑을 열어 장례식장에 나비들이 날아다니게 해 달라고 부탁했다.

평소에 그녀가 "나는 죽어서 은하수로 춤추러 갈 거야"라고 말했던 것처럼 그녀의 영혼이 자유를 얻어 나비처럼 춤추고 있음을 보여 줬다. 조문객들에게 나비가 든 봉투를 하나씩 나눠 주고 그 봉투를 열어 보게 하는 나비 축제를 연 이유는 그들이 훨훨 가벼이 날아다니는 나비처럼 자유를 얻은 영혼의 기쁨을 이해하며 즐거운 마음으로 자신의 내생을 축복해 주기를 바라던 것이 아니었나 싶다.

중국 도가의 대표 사상가 장자는 이렇게 말했다.

> 나는 하늘과 땅을 나의 관으로 삼고 해와 달을 한 쌍의 옥으로 삼으며 밤하늘의 별을 진주로 삼을 것이니 만물이 나의 부장품이다.
> 이 정도면 내 장례 준비는 잘 갖추어지지 않았느냐?
> 또 무엇을 덧붙이려 하느냐?

오늘날 누군가는 자신의 혼이 떠나고 남겨진 몸을 의대생들의 해부용이나 의료인들의 연구용으로 기증하는 분들이 있다. 살아서 이타적인 삶을 살아온 사람이라면 죽어서까지도 타인을 이롭게 하려는 발상에서 나온 것이리라.

깨달음을 성취한 성자가 죽음에 의해 끌려가지 않고 스스로 죽음을 향해 걸어 들어가는 자유로운 죽음을 '반열반'(般涅槃)이라 한다. 반열반에는 종교인으로서 세속의 유혹과 번뇌를 극복하려는 인간의 노력이 가미되어 있는데, 죽음을 향해 스스로 걸어 들어간다는 점에서 반열반은 일종의 자살이다.

그러나 그 자살은 여느 자살과는 다르다. 여느 자살은 죽음을 택하지만 실제로는 삶을 택하는 것이다. 그는 살고 싶지만 그것이 안 되기 때문에 죽음을 선택한 것일 뿐이다. 그렇지만 반열반에는 삶에 대한 욕심이 전혀 없다. 잘 마쳐지는 삶으로서의 반열반은 어둡고 컴컴한 죽음이 아니라 밝고 빛나는 죽음이다.

3) 칭찬받는 죽음을 준비하라

사람에 대한 진정한 평가는 죽음 이후에 이루어진다. 그러므로 우리는 죽음 이후에 칭찬받을 수 있는 삶을 살아야 한다.

"잘 죽었네!"

"잘 뒈졌어!"

"속이 시원하다!"

이런 말을 듣는다면 얼마나 비통할까?

그러나 사람들로부터 다음과 같은 평가를 받는다면 남은 가족들이 얼마나 뿌듯하겠는가?

"아까운 사람이 먼저 가셨네!"

"너무나도 훌륭한 분이셨는데…."

"큰일을 하실 분이셨는데…."

인생은 세 번의 생애를 살게 된다고 한다.

첫 번째 단계가 어머니의 태중에서 10개월간 살게 되는 태생(胎生)이다.
두 번째 단계는 이 세상에 태어나서 100년간을 살아가는 인생(人生)이다.
세 번째 단계는 내세에서 영원히 살게 되는 내생(來生)이다.

우리가 말하는 대부분의 삶은 100년을 살아가는 인생살이에 집중되어 있다. 그러다 보니 어릴 때는 공부를 잘해야 되고, 성인이 되서는 좋은 직장을 얻어야 하고, 좋은 사람을 만나 결혼도 잘해야 되고, 좋은 집을 얻고 좋은 차를 타고 좋은 옷을 입고 좋은 음식을 먹어야 한다.

그런데 필자가 이 책을 쓰는 이유는 우리는 100년을 보고 살아서는 안 된다는 데 있다. 100년 동안은 잘 살았는데 영생의 삶에 대한 확신이 없다면 그야말로 난감한 상황이 되는 것이다.

일반적으로 죽은 자에 대한 이야기는 금기시한다.

예를 들어 보자.

어떤 사람이 서울대학교를 졸업하고 대기업의 이사가 되고 자녀들도 남부럽지 않게 키웠다고 하자 그가 죽음 이후에 천국에 갔을지 그의 자녀들에게 묻는다면 과연 그들은 얼마나 자신 있게 대답할 수 있을까?

그리고 진정한 평가는 그의 자녀들에게서 듣는 것보다 그의 직장 선배나 후배들에게 들어야 하고, 그의 친구들이나 그의 이웃들에게 들어야 한다. 일부의 사람이 아니라 모두에게 들어 보아야 그 사람에 대한 바른 평가를 듣는다. 그러므로 주변 사람들, 특히 어린아이들에게라도 좋은 사람으로 평가받는 것이 중요하다.

로마 우르바노대학의 대강당 벽에 "그리고 그 다음에는?"이라는 글씨가 새겨져 있다.

16세기의 한 가난한 법대 고학생이 등록금이 없어서 필립 넬 이라는 부자 노인을 찾아가 어려움을 호소하자 노인은 흔쾌히 경제적으로 지원해 주겠다고 약속하였다고 한다. 그리고 감사해하는 청년에게 노인이 물었다고 한다. 다음은 그들의 대화 내용이다.

"자네는 이 돈으로 무엇을 하려고 하나?"
"학교 공부를 마쳐야겠습니다."
"그리고 그 다음에는?"
"변호사가 될 겁니다."
"그리고 그 다음에는?"
"돈을 많이 벌 겁니다."
"그리고 그 다음에는?"
"결혼을 해야겠지요."
"그리고 그 다음에는?"
"자녀들을 길러야겠지요."
"그리고 그 다음에는?"
"늙어 가겠죠."
"그리고 그 다음에는?"

할 말을 잃은 청년에게 노인은 힘주어 말했다.

"그리고 그 다음에는 죽음이야.
그리고 그 다음에는 심판이야.
그리고 그 다음에는 영원이야."

어느 책에서 읽었던 내용인데 우리 인생의 결말은 죽음이 아니라 영원이라는 말이다. 사람들에게뿐만 아니라 하나님 앞에 칭찬받는 죽음을 준비해야 한다.

"심판"이라는 말은 '판단', '재판' 등을 뜻한다. 죽음 이후에 우리 모두는 하나님 앞에서 최종적인 평가를 받게 된다는 의미이다.

성경을 보면 우리 모두를 향한 하나님의 평가는 두 가지의 구체적인 평가의 내용이 있다.

첫째, "착하고 충성된 종"이라는 칭찬이다.
둘째, "악하고 게으른 종"이라는 책망이다.

죽음을 앞둔 사람은 당연히 하나님을 의식해야 한다.
필자는 지금이라도 죽을 수가 있다. 그러나 죽음이 두려운 가장 큰 이유는 하나님 앞에 칭찬받을 만한 일을 많이 못했기 때문이다. 순교의 자리라면, 내가 죽음으로 하나님께서 크게 영광을 받으시는 그런 상황이라면 언제라도 죽음을 환영한다.

그러나 지금 죽으라고 하면 나는 죽음을 피할 것이다. 왜냐하면, 하나님께 칭찬받고 싶고, 천국에서 하나님으로부터 영광스런 면류관을 받고 싶기 때문이다.

사람은 처음 10개월을 어머니의 태중에서 태어날 날을 준비하며 산다. 그리고는 100년 가까이 살다가 죽는다. 그런데 죽음으로 우리의 일생이 끝나는 것이 아니라면 이 세상에서 사는 100년 동안 무엇이든지 소유하고, 누리고, 즐기고 사는 것이 목적이 되어서는 안 된다는 말이다.

성경에 예수님의 종으로 가장 많은 일을 한 사람을 꼽으라면 사도 바울을 꼽을 것이다. 그는 예수님을 닮기로 결심한 사람인데 예수님처럼 결혼도 하지 않고 평생을 혼자 살다가 마지막에는 로마에서 참수당해 죽은 사람이다.

그는 살아 있는 동안 이렇게 말했다.

우리의 삶은 죽음 이후로도 쭈욱 이어지기 때문에 바울은 결혼도 포기하고 가정을 이루는 것도 포기하고 오직 복음을 전하고 교회를 세우는 일에 자신의 평생을 바쳤고 결국은 순교당해 죽어 간 것이다. 아시아와 유럽을 복음화하고 아프리카 선교의 발판을 마련한 선교의 대가가 된 것이다.

이 시대 우리는 어떻게 죽을 것인가를 고민하며 살아야 한다. 죽음을 준비하며 살아야 하는 이유가 어느 누구든 예외 없이 죽음 이후에는 하나님 앞에 서야 하기 때문이다.

제4장

죽음 이후의 세계, 천국을 바라보며

1. 죽음은 끝이 아니며 새로운 삶을 시작하는 것이다

임마누엘 스웨덴보그(Emanuel Swedenborg,)는 스웨덴의 신비 사상가로 영계(靈界)와 인간의 교류를 믿었던 사람이다. 그는 수차례의 임사체험을 했고, 27년 동안 천사들에 이끌려 영계를 체험했는데 천국과 지옥을 구체적으로 보고 온 사람으로 3층으로 된 지옥과 3층으로 된 천국을 보고 왔다. 이러한 경험을 토대로 하여 『천국과 지옥』(Heaven and Hell)이라는 책을 출판했다.

독일의 괴테는 『천국과 지옥』이란 책을 읽고 영감을 받아 『파우스트』라는 책을 완성했다고 한다. 사람들은 그가 경험한 영적 체험과 영계를 출입한 경험에 따라 그를 "인간계와 영계의 이중 시민권자"라고 부르기도 했다.

자살이건, 타살이건, 사고사이건, 자연사이건 간에 죽음은 모든 사람에게 찾아온다. 그런데 죽음으로 끝이라면 다행이겠는데 그 이후에도 어떤 세계가 있다고 하면 심각한 이야기가 된다.

나는 어릴 때부터 교회를 다녔는데 신약성경 히브리서 9장 27절의 말씀을 늘 마음에 새기며 살고 있다.

한 번 죽는 것은 사람에게 정하신 것이요 그 후에는 심판이 있으리니(히 9:27).

죽음으로 끝나는 것이 아니라 우리 각 사람은 하나님과 천사들이 보는 앞에서 심판, 즉 재판을 받아야 한다는 것이다. '천사들 앞에서'라는 말을 하는 이유는 실제로 천사들은 우리가 살아 있는 전 생애를 함께하는데 천사의 역할은 크게 두 가지로 설명한다.

첫째, 수호천사(守護天使), 즉 보호해 주는 역할로 주된 역할이다.
둘째, 보고천사(報告天使), 즉 우리에게 일어나는 일들을 수시로 하나님께 보고하는 역할이다(마 18:10 참고).

무신론자들은 대부분 "죽으면 그만이야, 죽으면 끝이야"라고 말한다. 그러나 대부분의 종교인들은 죽음 이후 세계가 있다고 믿는다. 그러므로 종교인들은 죽음 이후의 세계를 의식하며 이 땅을 산다.
진정한 종교인일수록 죽음 앞에 담대해지고, 죽음 이후를 더욱 간절히 기대한다. 특히, 기독교인들은 성경 속에 소개된 바울이라는 인물 때문에 죽음을 더욱 친근하게 생각한다.
예수님의 열세 번째 제자라고 불리는 바울은 신약성경의 절반 정도를 기록한 매우 특별한 사람이다. 바울이 아시아와 유럽을 복음화시키는 데 크게 기여할 수 있었던 확실한 이유는 죽음을 두려워하지 않고 복음을 전했다는 것이다. 두려워하지 않았을 정도가 아니라 도리어 죽음을 사모했다.

내가 달려갈 길과 주 예수께 받은 사명 곧 하나님의 은혜의 복음을 증거하는 일을 마치려 함에는 나의 생명조차 조금도 귀한 것으로 여기지 아니하노라(행 20:24).

이는 내게 사는 것이 그리스도시니 내가 죽는 것도 유익함이라(빌 1:21).

우리가 담대하여 원하는 바는 차라리 몸을 떠나(죽어) 주와 함께 있는 그 것이라(고후 5:9).

바울은 기도하는 중에 그의 영이 "셋째 하늘"이라는 "삼층천"(三層天)을 다녀왔고, 자신을 위하여 예비된 "의의 면류관"도 보았다(고후 12:2, 딤후 4:8).

천국을 확실히 본 사람은 천국에 대한 소망도 확실할 것이다.

사도 바울은 환상 중에 천국을 보았고 천국에 대한 소망이 너무나도 선명하였기에 이 세상의 삶보다도 천국에서의 영원한 삶을 더욱 더 기대하며 천국에 가고자 하는 간절한 열망을 가지고 있었다.

아직 젊고 건강한 삶을 지속할 수 있음에도 불구하고 빨리 죽어서 천국에 가고 싶어 했다는 말이다. 능력이 없고 존재감이 없는 평범한 사람이 아니라 바울처럼 많은 제자들이 따르고 전 세계적으로 대단한 영향력을 가진 사람인데도 말이다.

2. 우리 모두 예수님 믿고 천국 갑시다

하나님께서는 역사의 흐름 속에서 수없이 사람들을 천국으로 초청하신다. 지금 죄인의 자리에 있는 사람들을 안타까운 마음으로 초청하신다.

예수님이 오셔서 십자가를 지신 사건은 하나님께서 마지막으로 아들을 통해서 우리들의 죄 문제를 해결하고 영원한 천국으로 우리들을 초청하시기 위함이다.

이처럼 하나님의 뜻을 아시는 예수님은 "수고하고 무거운 짐진 자들아 다 내게로 오라 내가 너희를 쉬게 하리라"(마 11:28)라고 말씀하시며 무거운 죄짐으로 고통하는 모든 이들을 초청하신다.

사실 예수님께서 십자가를 지고 죽으심은 이 세상의 모든 죄를 해결하시기 위해서이다. 의로우신 예수님께서는 자신의 죽음으로 세상의 모든 죄를 담당하신 것이다.

예수님의 십자가의 피의 효력은 아담으로부터 인류의 마지막 한 사람까지, 즉 모든 인류의 죄를 담당하실 수 있다.

예수님의 십자가의 죽으심의 그림자 중 대표할 만한 것에는 레위기 16장의 대속죄일 제사가 있다.

모세 이후 제정된 7월 10일 대속죄일의 양이나 염소의 피의 효력은 나이 많은 어른으로부터 태중의 태아까지 온 이스라엘 백성에게 미쳤던 것처럼, 긍휼에 풍성하신 하나님께서는 아들이신 예수 그리스도를 인류의 마지막 때에 보내시면서 온 인류의 모든 죄를 담당하게 하신 것이다. 그래서 예수님의 피가 뿌려지는 사람들의 범주에는 복음의 말씀을 듣고 돌이켜 회개하는 모든 사람이 될 것이다.

사실 하나님의 까다로운 기준으로 보실 때 하나님을 만족시킬만한 선행의 삶은 찾아보기가 쉽지 않을 것이다.

그러나 예수님을 믿는다는 사람들의 생각이나 행동이 마귀를 닮았다면 이것을 어떻게 설명할 것인가?

결론적으로 천국과 지옥에 대해서는 우리는 알 수가 없다고 말해야 한다. 왜냐하면, 판단하실 분은 하나님이시기 때문이다.

천국과 지옥을 여행한 대부분의 사람이 이구동성으로 하는 말이 지옥에 목사들이 많다고 하질 않는가?

지금 교회를 다니지만 불신자들보다 거짓되고 비윤리적으로 사는 사람과 지금 교회를 다니지는 않지만 교회 다니는 사람들보다 더욱 정의롭고 양심적으로 사는 사람이 있다면 어떻게 설명할 것인가?

지금 교회에 나오지 않는 이들이라도 그들에 대해 판단하거나 정죄하지 말라. 지금은 비그리스도인이지만 앞으로 나보다 더 큰 신앙인이 될 수도 있기 때문이다.

마가복음 9장 40절에 예수님은 이렇게 말씀하신다.

우리를 반대하지 않는 자는 우리를 위하는 자니라(막 9:40).

필자가 이처럼 과감하게 이야기하는 것은 많은 신학자와 신학 교수, 그리고 많은 설교자가 예수를 믿기만 하면 묻지도 따지지도 않고 천국에 간다고 말하는 이들이 많고, 지금 믿지 않는 사람이라고 그들의 결과를 지옥이라고 단정 지어 말하는 분들이 있기에 하는 말이다.

우리가 남의 인생에 대해 속단하지 못하는 것은 하나님께서 구원하기로 작정하신 이의 인생 어느 순간에 극적으로 개입하셔서 그를 돌이키시는 일들이 너무나도 많기 때문이다.

과거 16세기의 교황청에서 면죄부를 발행, 판매하도록 하였고 면죄부 판매의 책임자였던 도미니크수도회 소속 요한 테젤(Johann

Tetzel)은 면죄부의 위력을 이렇게 설명한다.

> 누군가가 성모 마리아에게 음란죄를 범했을지라도 이 면죄부로 그 죄까지 해결받을 수 있다.

성모 마리아를 강간했을지라도 면죄부를 사기만 하면 그 죄도 해결된다는 것이다.

그뿐만 아니라 라이프치히에서 사람들에게 면죄부의 위력은 앞으로 미래에 지을 죄까지도 해결해 준다고 하며 면죄부를 팔았는데 이 말을 들은 한 귀족은 테젤이 라이프치히를 떠날 때 테젤을 찾아가 그가 가지고 있는 돈을 빼앗았다고 한다.

이 소식을 들은 작센 공작은 그 귀족을 붙잡아 심문하는데 그 귀족의 대답이 테젤 신부가 면죄부를 산 사람은 미래의 죄까지도 용서받을 수 있다고 해서 자신이 면죄부를 산 후 범죄한 것이라고 항변하자 그 귀족을 풀어 주었다고 하질 않는가?

이와 같이 오늘날의 설교자들은 예수 믿는 자들에게 주어지는 특혜는 모든 죄가 사하여 진다고 설교한다.

과거의 죄, 현재의 죄가 모두 해결된다고 가르치고 심지어는 미래의 죄까지도 모두 해결해 준다고 가르치는 이들도 있다. 참으로 난감한 일이다.

예수 믿는 것으로 모든 죄가 해결된다고 해 버린다면 자칫 기독교인들이 죄에 따르는 형벌에 대해 둔감해질 것이고 죄를 멀리해야 할 기독교인들이 도리어 죄를 범함에 있어서 적극적이 될 수 있다는 우려가 현실이 되고 있는 것은 아닐까 싶다.

오늘날 필자가 가지는 심각한 우려는 현실로 증명되고 있다.

감옥에 수감된 종교인들의 분포도 조사에서 나타난 것처럼 기독교인들의 비율이 가장 많은 이것을 어떻게 설명할 것인가?

죄를 지어도, 남에게 해를 끼쳐도, 남의 생명을 빼앗아도 예수님을 믿으면 무조건 천국이라고 할 것인가?

미친 소리다.

신학교의 정신 나간 교수들이 붕어빵처럼 자신을 닮은 목회자들을 양산해 내고 목회자들은 강단에서 똑같은 설교를 하고 있는 것이다. 그런 설교를 들은 성도들은 간이 커져서 죄짓는 것을 두려워하지 않게 되었고 그렇게 살다가 지금은 감옥에 있다고 생각해 보자.

미친 목사요, 미친 교회요, 미친 기독교가 아닌가?

그래서 "개독교"라는 소리로 욕을 먹고 있지 않는가?

요한복음에 죄 때문에 38년 동안 병을 가진 자와 간음죄 중에 붙잡힌 여인을 향해 말씀하신 예수님의 음성을 귀 열고 들어야 한다.

> 다시는 죄를 범하지 말라(요 5:14).
>
> 다시는 죄를 범하지 말라(요 8:11).

예수님은 한 번도 죄인들을 향해 "나를 믿으니까 괜찮아!" 하신 적이 없다. "다시는 죄를 범하지 말라"고 하신다.

예수님의 속죄 피는 남용되지 않는다.

> 그가 빛 가운데 계신 것 같이 우리도 빛 가운데 행하면 우리가 서로 사귐이 있고 그 아들 예수의 피가 우리를 모든 죄에서 깨끗하게 하실 것이요 (요일 1:7).

예수님이 빛 가운데서 행하신 것처럼 우리도 빛 가운데서 행할 때 예수님의 피가 뿌려지는 것이지 빛의 자녀라고 하면서도 어두움 속에 있는 자에게는 예수님의 피 단 한 방울도 허비되지 않는다는 것이다.

3. 타락한 기독교인들은 회개해야 천국 간다

예수를 믿는다고 하면서도 말로만 믿는다고 하는 가짜 기독교인들도 많다.

예수를 믿는다고 하기만 하면 구원받는 것일까?

기독교인들이 비기독교인들을 보면서 "불신 지옥!"이라고 외칠 때 예수가 누군지도 모르는 사람 입장에서는 참 불쾌하겠다는 생각이 들었다.

그래서 한편으로는 이런 생각을 해 보았다.

'비기독교인들이 기독교인들을 향해 "예수 믿어도 지옥!"이라고 소리쳐 보면 어떨까?'

내가 목사라도 한편으로는 속이 시원할 것 같다는 생각이 드는 것이 사실이다.

목사가 이런 말하기에는 좀 어색하지만 오늘날 예수 믿는 사람 중에 지옥 갈 사람이 참 많을 거라고 생각한다. 목사가 성폭행을 하고, 장로가 사기를 치고, 성도들이 범죄자가 되어 감옥에 들어가는 이들이 많은 것을 보면서, 지금은 감옥으로 가지만 저들의 결국은 지옥일 확률이 크다고 생각한다.

'예수 믿는 것'이 절대로 '면죄부'가 아니기 때문이다.

미국에서 21세기의 선지자로 알려진 폴 워셔 목사는 영접기도를 받고 "아멘!" 한 사람들 중에 세상과 다를 바 없이 살아가는 사람들의 90퍼센트는 지옥에 갈 것이라고 말한다.

폴 워셔 목사는 자신이 저술한 『좁은 문 좁은 길』(Narrow Gate, Narrow Way)이라는 책에서 구원받는 것은 쉽지 않으며, 천국은 결코 쉽게 들어갈 수 있는 곳이 아니라고 주장한다.

요한복음 8장에서 예수님은 간음죄로 붙잡혀 온 여인에게 "나만 믿으면 돼"라고 하시지 않고 "다시는 죄를 범하지 말라"라고 하셨다.

가룟 유다는 예수를 믿었고, 예수님의 제자가 되기까지 했지만 돈에 대한 세상 욕심을 버리지 못하였기에 그의 종착지는 지옥이었다.

예수님의 사도인 바울이 죽는 것을 소원한다고 한 이유가 무엇일까?

고린도후서 5장 8절-10절까지를 읽어 보자.

> 우리가 담대하게 원하는 바는 차라리 몸을 떠나 주님과 함께 있는 그것이라 그런즉 우리는 몸에 있든지 몸을 떠나든지 주를 기쁘시게 하는 자가 되기를 힘쓰노라 그 이유는 우리 모두는 다 반드시 예수 그리스도의 심판대 앞에 서게 되어 각각 선, 악 간에 그 몸으로 행한 대로 심판을 받게 될 것임이라(고후 5:8-10).

예수를 믿는다고 해도 "선, 악간에" 심판을 받는다는 말이다. 심판의 기준이 선하게 살았느냐, 악하게 살았느냐는 것이다.

예수를 믿으면서 아직도 세상 욕심을 버리지 못한 사람은 진정으로 구원받은 자가 아니다. 더구나 예수를 믿으면서도 죄 없는 사람을 해롭게 하는 사람은 틀림없이 구원받은 자가 아니다.

"믿습니까?"라는 질문에 대해 "아멘!"이라고 대답했다고 구원받은 것도 아니고 천국이 보장된 것도 아니다.

마태복음 7장 21-23절에 예수님께서 명확하게 말씀하신다.

> 나더러 주여 주여 하는 자마다 다 천국에 들어갈 것이 아니요 다만 하늘에 계신 내 아버지의 뜻대로 행하는 자라야 들어가리라 그 날에 많은 사람이 나더러 이르되 주여 주여 우리가 주의 이름으로 선지자 노릇하며 주의 이름으로 귀신을 쫓아 내며 주의 이름으로 많은 권능을 행하지 아니 하였나이까 하리니 그 때에 내가 그들에게 밝히 말하되 내가 너희를 도무지 알지 못하니 불법을 행하는 자들아 내게서 떠나가라 하리라 (마 7:21-23).

내가 예수를 믿는다는 고백하는 순간에 구원받는 것이 아니다. "주여! 주여!" 한다고 구원받은 것도 아니다. 은사를 받고, 직분을 받고, 능력을 행한다고 구원받은 것도 아니라는 말이다.

신앙을 고백한 이후라도 자신을 수양하고 그리스도를 닮아 가며 서서히 구원에 이르는 존재, 즉 천국에 들어갈 존재로 만들어져 가는 것이다.

칼빈의 9단계의 구원의 서정을 순서대로 보면 소명-중생-회개-신앙-칭의-수양-성화-견인-영화 순이다. 믿음(신앙)의 단계는 네 번째이다. 믿음을 고백한 이후로도 자신을 수양하고 성화에 이르도록 노력해야 한다는 사실을 이해해야 할 것이다.

베드로후서 1장 말씀은 예수님을 믿는다고 고백하며 교회의 구성원이 된 우리에게 이렇게 권면하고 있다.

> 그러므로 너희가 더욱 힘써 너희 믿음에 덕을, 덕에 지식을, 지식에 절제를, 절제에 인내를, 인내에 경건을, 경건에 형제우애를, 형제우애에 사랑을 더하라(벧후 1:5-7).

위 말씀에서 분명하게 깨달아지는 것은 '믿음'이라는 단계는 신앙생활의 끝이 아니라 시작이라는 것이다. 믿음으로부터 시작하여 "신의 성품"에 이르도록 해야 한다고 말한다.

그러면 어떻게 "신의 성품"을 가질 수 있나?

"믿음" 이라는 기초에다가 "+덕", "+지식", "+절제", "+인내", "+경건", "+형제우애" 그리고 "+사랑"을 이야기하고 있다.

믿음 +(플러스)1, 2, 3, 4, 5, 6, 7 ?

이 말씀의 결론은 11절에 나타나 있다.

> 이같이 하면 우리 주 곧 구주 예수 그리스도의 영원한 나라(천국)에 들어감을 넉넉히 너희에게 주시리라(벧후 1:11).

그냥 예수 믿으면 천국 간다는 것이 아니라 신의 성품을 가질 정도로 자기를 수련하고 인간의 본성과 세상의 욕심들을 버릴 때 천국에 들어감을 허락하신다는 말이다.

말로만 "믿습니다!" 하는 이들이 천국에 간다고?

천만의 말씀이다.

> 사랑은 이웃에게 악을 행하지 아니하나니 그러므로 사랑은 율법의 완성이니라(롬 13:10).

성경에서 하나님도, 예수님도, 사도 바울도 "이웃을 사랑하는 사람은 율법을 다 지킨 사람"이라고 인정한다면 그가 천국에 가지 못할 이유가 있겠는가?

우리가 하나님 앞에 섰을 때 하나님은 우리에게 "예수를 믿느냐 믿지 않느냐"고 질문하시지 않는다. 평생을 개처럼 살아온 사람이 "예수를 믿는다"고 말로만 고백하는 것은 아무 의미가 없기 때문이다.

하나님께서는 한 사람, 한 사람의 일생을 기록한 '행위 책'을 지금의 과학기술보다 훨씬 발전된 초고속 스크린을 통해 세상에서 일평생 살아온 삶의 기록들을 순식간에 주-욱 보여 주시면서 그에게 말씀하실 것이다.

"너는 지옥으로 가야겠니?

천국으로 가야겠니?

네가 판단해 보아라!"

유구무언(有口無言: 입은 있어도 할 말이 없음)이란 말이 가장 절망적인 단어라는 것을 절감하는 순간이 아닐까?

만약 기독교인이 저는 개처럼 살았지만 예수님은 믿었다고 변명한다면 하나님께서는 이렇게 말씀하실 것이다.

"불신자들은 성경도 모르고 지옥이 있는 줄도 몰라서 죄짓고 살았다면 너는 성경도 알고 지옥이 있다는 것을 알면서 어차피 죽어서 지옥에 가야 할 그 불쌍한 사람의 재물을 빼앗고, 목숨을 빼앗았으니 너는 더욱 악한 자로다. 그러니 너는 가장 큰 고통을 받을 지옥으로 가라."

예수를 믿는다면서 예수를 닮지 않았다면 예수쟁이가 아니다.

예수를 믿는다면서 예수의 가르침대로 살지 않는다면 예수쟁이가 아니다.
예수를 믿는다면서 예수의 냄새가 안 난다면 예수쟁이가 아니다.
예수를 믿는다면서 이웃에게 악을 행하는 사람은 예수쟁이가 아니다.
예수를 믿는다면서 하나님을 사랑하지 않는다면 예수쟁이가 아니다.
예수를 믿는다면서 성령의 인도를 받지 못한다면 예수쟁이가 아니다.
예수를 믿는다면서 예수를 자랑(전도)하지 않는다면 예수쟁이가 아니다.
예수를 믿는다면서 육신의 정욕을 제어하지 못하고, 그러한 행동에 대해 진정한 회개 기도를 하지 않는다면 예수쟁이가 아니다.
예수를 믿는다면서 하나님께 영광이라는 삶의 목표가 세워지지 않았다면 아직 진정한 예수쟁이가 아니다. 왜냐하면, 율법이 없는 자, 즉 성경을 알지 못한 자, 하나님이나 예수님에 대해서 들어 보지도 못한 자는 양심의 법이 적용되기 때문이다.

> 하나님 앞에서는 율법을 듣는 자가 의인이 아니요 오직 율법을 행하는 자라야 의롭다 하심을 얻으리니 율법 없는 이방인이 본성으로 율법의 일을 행할 때에는 이 사람은 율법이 없어도 자기가 자기에게 율법이 되나니 이런 이들은 그 양심이 증거가 되어 그 생각들이 서로 혹은 고발하며 혹은 변명하여 그 마음에 새긴 율법의 행위를 나타내느니라 (롬 2:13-15).

굳이 역사적 증거를 들어 설명하려 한다면 하나님을 모르고, 예수님을 몰라도 본성적으로 착한 하나님의 성품을 가지고 착하게 사는 사람들은 그 양심이 증거가 되어 주고 도리어 율법을 증거한다(말씀을 증거한다)는 것이다.

마태복음 22장에서 예수님은 "이웃을 사랑하는 자는 율법을 다 이루었느니라"라고 하셨는데 착하게 살고, 이웃을 도우며 살았던 사람들은 율법을 실천한 사람으로 인정하겠다는 말씀이다.

궁극적으로 심판의 주는 성부와 성자와 성령, 삼위 하나님이시다. 장차 심판주로 오시는 예수님 앞에 두 사람이 있다고 가정해 보자. 예수를 믿으면서 자신의 배를 불리고 이웃을 돌보지 않은 사람과 예수를 알지도 못하였기에 믿지도 못한 사람이지만 평생 이웃을 사랑하고 선하게 산 사람.

이렇게 두 사람이 심판받는다면 예수님은 어떻게 평가하실까?

예수님을 알고 믿는다고 하지만 자신의 욕심대로 자신의 배만 채우고 산 사람을 책망하시고, 예수님을 몰랐고 성경도 몰랐지만 이웃을 사랑하고 남을 위해 헌신한 사람들을 칭찬하신다면?

아무튼 마지막 심판 때에는 희비가 엇갈릴 일들이 많을 것이다.

카멜로 브레네스 목사의 지옥 간증은 유명하다. 사고를 당해 죽은 상태에서 지옥을 구경하고 온 그의 간증 속에는 수없이 많은 목사나 선교사가 손에 성경을 든 채 지옥문을 향해 걸어가고 있었으며 지옥에서 고통받는 내용들이 소개된다.

우리 주변에 미지근한 신앙생활, 이중적 신앙생활, 독선적 신앙생활을 하면서 자기는 그리스도인이라고 착각하는 사람들이 얼마나 많은가?

이 글을 쓰는 나 자신도 어릴 적 순수했던 신앙, 순교적 신앙 등은 벌써 잃어버리고 보편적인 목사의 수준으로 적당히 타협하며 살고 있어 나 자신이 부끄럽기도 하고, 두렵기도 하다.

인류의 종말과 심판에 대한 예수님의 교훈을 기록한 마태복음 25장에는 세 가지의 중요한 비유가 소개된다.

첫째, 열 처녀 비유

열 처녀가 모두 예수를 믿었던 사람이다. 그러나 등과 기름을 준비하지 않은 다섯 처녀는 신랑을 맞을 수가 없었다(신자의 구원비율 50퍼센트).

둘째, 달란트 비유

같은 주인(예수님)으로부터 금 다섯 달란트, 두 달란트, 한 달란트를 받았지만 달란트를 묻어두었던 한 달란트 받은 종은 어두운 데로 쫓겨나고 슬피 울며 이를 갈게 된다는 내용이다(주의 종의 구원확률 : 66퍼센트).

셋째, 양과 염소의 비유

양은 의인으로, 염소는 악인으로 묘사되는데 여기서 의인과 악인의 구분은 단순히 신, 불신 간의 구분이 아니라 신앙인으로서 어려운 이웃을 돌아보며 이웃 대하기를 예수님을 대하듯 한 사람들을 가리켜 의인이라고 구분한다는 것으로 이해해야 한다.

마태복음 25장 31-46절의 내용을 그대로 옮기면 다음과 같다.

> 인자가 자기 영광으로 모든 천사와 함께 올 때에 자기 영광의 보좌에 앉으리니 모든 민족을 그 앞에 모으고 각각 구분하기를 목자가 양과 염소를 구분하는 것 같이 하여 양은 그 오른편에 염소는 왼편에 두리라

그 때에 임금이 그 오른편에 있는 자들에게 이르시되 내 아버지께 복 받을 자들이여 나아와 창세로부터 너희를 위하여 예비된 나라를 상속 받으라 내가 주릴 때에 너희가 먹을 것을 주었고 목마를 때에 마시게 하였고 나그네 되었을 때에 영접하였고 헐벗었을 때에 옷을 입혔고 병들었을 때에 돌보았고 옥에 갇혔을 때에 와서 보았느니라
이에 의인들이 대답하여 이르되 주여 우리가 어느 때에 주께서 주리신 것을 보고 음식을 대접하였으며 목마르신 것을 보고 마시게 하였나이까
어느 때에 나그네 되신 것을 보고 영접하였으며 헐벗으신 것을 보고 옷 입혔나이까 어느 때에 병드신 것이나 옥에 갇히신 것을 보고 가서 뵈었나이까 하리니
임금이 대답하여 이르시되 내가 진실로 너희에게 이르노니 너희가 여기 내 형제 중에 지극히 작은 자 하나에게 한 것이 곧 내게 한 것이니라 하시고
또 왼편에 있는 자들에게 이르시되 저주를 받은 자들아 나를 떠나 마귀와 그 사자들을 위하여 예비된 영원한 불에 들어가라 내가 주릴 때에 너희가 먹을 것을 주지 아니하였고 목마를 때에 마시게 하지 아니하였고 나그네 되었을 때에 영접하지 아니하였고 헐벗었을 때에 옷 입히지 아니하였고 병들었을 때와 옥에 갇혔을 때에 돌보지 아니하였느니라 하시니
그들도 대답하여 이르되 주여 우리가 어느 때에 주께서 주리신 것이나 목마르신 것이나 나그네 되신 것이나 헐벗으신 것이나 병드신 것이나 옥에 갇히신 것을 보고 공양하지 아니하더이까
이에 임금이 대답하여 이르시되 내가 진실로 너희에게 이르노니 이 지극히 작은 자 하나에게 하지 아니한 것이 곧 내게 하지 아니한 것이니라 하시리니 그들은 영벌에, 의인들은 영생에 들어가리라 하시니라 (마 25:31-46).

악인들은 영벌에, 의인들은 영생에 들어간다고 했는데 여기에서 우리는 신학적으로, 교리적으로 이해하고 있는 의인과 악인의 개념이 다르다는 것을 발견한다.

예수님께서 말씀하시는 의인과 악인에 대한 구분은 단순히 예수를 믿느냐 안 믿느냐로 구분하는 것이 아니라 도리어 이웃을 사랑하고 선하게 살았느냐 아니냐로 구분한다면?

예수님은 신자건 불신자건 이웃을 돌보지 않은 사람을 악인으로 구분하고 있다는 사실이다. 덧붙여서 말하자면, 예수를 믿으면서도 가족이나 이웃을 돌보지 않은 사람이 있다면 이런 사람은 불신자보다도 더 악한 사람으로 여기신다는 말이다.

디모데전서 5장 8절에 의하면 이런 사람이야말로 "믿음을 배반한 사람"이요 "불신자보다 악한 사람"이다.

> 누구든지 자기 친족 특히 자기 가족을 돌보지 아니하면 믿음을 배반한 자요, 불신자보다 더 악한 자니라(딤후 5:8).

필자는 한때 이런 생각을 한 적이 있다.
'불신, 즉 믿지 않는 것보다 큰 죄가 있을까?'

그런데 디모데후서 5장 8절에서는 자기 주변 사람을 사랑하지 않는 사람은 불신자보다 더 악한 사람이라고 말씀한다. 성경을 알고 예수님을 믿는다면서 행동하지 않는 사람은 야고보서 2장 17절의 말씀처럼 "죽은 믿음"을 가진 사람이라는 말이다.

그렇다면 어떻게 살아야 하나?

> 악에서 떠나 선을 행하라 그리하면 영원히 살리니(시 37:27).

눈가림만 하지 말고 … 하나님의 뜻을 행하라(엡 6:6).

　말하는 사람보다 행동하는 사람이 훨씬 높은 수준의 신앙인이다. 천국은 착한 사람들이 가야 천국이 되는 것이지 예수 믿는다는 것을 면죄부로 여기고 자기 욕심대로 살고 죄짓는 것을 두려워하지 않는 사람은 천국에 가면 안 되는 것이다. 왜냐하면, 그런 얌체족들 때문에 천국이 지옥이 될 것이기 때문이다.
　'믿음'(πιστος [피스토스], πιστιυ [피스티우])이란 헬라어 단어는 '동의한다', '인정한다', '그렇게 확신한다'라는 단순한 뜻이 아니라 '의지한다', '붙잡았다', '붙들렸다', '붙었다', '일체가 되었다'는 뜻을 담고 있다. 예수님을 믿을 때도 이 단계까지 가야 믿는 사람이고, 구원받는 사람인 것이다.
　예수님을 믿는다고 하면서 하나님보다 물질을 사랑했던 아나니아와 삽비라는 저주를 받고 죽었다.
　참고로, 내가 사는 지역에 교회를 다니는 60대 남자 집사님이 있었다. 그는 젊을 때부터 교회를 다녔다고 했는데 교회 안에서 다른 성도들로부터 돈을 빌려서는 갚지 않기로 유명한 사람이었다. 동사무소에서 실시하는 무료 행사에는 빠지지 않고 혜택을 받아 누리고, 사소한 일에도 경찰을 부르고 수시로 이웃 사람들을 고소하여 합의금을 받아 내는 사람이었다.
　어느 날 길거리에서 전도하다 그 사람을 만났다. 그는 나를 보자 모른 척 얼굴을 다른 곳으로 돌리고 급한 발걸음으로 나의 시선에서 벗어나려 했다.
　나는 그의 뒤를 따라 가며 그를 불러 말했다.
　"집사님, 언제까지 그렇게 사실 겁니까?

그렇게 사시면 안 되지요"

그에게 뼈 있는 말을 던졌다.

그런데 그의 입에서 이런 대답이 들려왔다.

"목사님, 남의 일에 감 나라 배 나라 하지 마세요. 지금은 내가 어떻게 살더라도 죽기 1분 전에 회개하고 죽으면 천국에는 갈 거니까요. 안 그래요?"

나는 할 말을 잊은 채 나의 시선에서 멀어져 가는 그의 뒷모습을 물끄러미 바라보고만 있었다.

얼굴이 화끈거렸다.

'와! 너무 많이 알고 계시네!'

그는 나쁜 것, 못된 것에 대해 너무나도 많이 알고 계셨다.

신학교를 다닐 때 교수님으로부터 우리들의 어떠한 선한 행위도 하나님 앞에서는 낡은 옷과 같아서 아무런 가치가 없다는 강의를 듣고 우리 신학생들끼리 논쟁을 벌였던 일이 생각난다.

그런 엉터리 교수들로부터 양심이나 선 등의 너무나도 고귀한 가치들을 쓰레기라고 배운 신학생들이 전도사가 되고 목사가 되었다면, 그들은 당연히 설교하면서 아무리 착하게 살아도 예수 안 믿으면 지옥 간다고 가르치지 않겠는가?

또한, 아무리 많은 죄를 지어도 예수님을 믿고 말로만 "회개합니다" 하면 하나님은 다 용서해 주신다고 하지 않겠는가?

여기서 나는 회개란 무엇인가에 대한 궁금증이 생기는 것을 느낀다. 예를 들어, 남의 돈 10억 원을 사기 쳐서 그중에 한 1,000만 원을 교회에 헌금으로 드리면서 목사님께 기도를 부탁하고, 자신도 하나님 앞에 "하나님, 오늘 회개 예물을 드렸으니까 용서해 주세요"라고 기도했다면 목사님들의 반응은 다양하게 나타날 것이다.

단순무식한 목사라면 자세한 영문도 모른 채 이런 말로 그를 위로하고 축복할 것이다.

"집사님, 우리 모두는 어차피 하나님 앞에 죄인이지요, 이렇게 많은 헌금을 드렸으니까 하나님께서 우리 집사님에게 더 큰 복을 주실 겁니다. 할렐루야!"

그런데 하나님은 어떻게 생각하실까?

예수님이라면 어떻게 생각하실까?

정답은 '성경대로'이다.

> 도둑질한 것이 살아 그의 손에 있으면 소나 나귀나 양을 막론하고 갑절을 배상할지니라(출 22:4).

훔친 돈이 아직 내 손에 있다면 두 배로 갚으며 용서를 구하든지, 그럴 형편이 아니라면 그에게 찾아가서 잘못을 빌고 원금이라도 돌려주고 용서한다는 합의서를 받아야 할 것이다.

법정에서 판사는 피해자의 합의서를 받지 못한 피의자를 자신의 잘못을 인정하고 사죄할 의사가 없는 무책임한 사람으로 보는 것처럼 하나님께서도 우리의 회개가 말로만 하는 회개인가 아니면 진정한 회개를 했는가를 보실 것이다.

예수님의 사도였던 바울이 그의 믿음의 아들인 디모데에게 계속 강조하는 것은 양심이었다.

> 이 교훈의 목적은 청결한 마음과 선한 양심과 거짓이 없는 믿음에서 나오는 사랑이거늘(딤전 1:5).

> 믿음과 착한 양심을 가지라 어떤 이들은 이 양심을 버렸고 그 믿음에 대하여 파선하였느니라(딤전 1:19).

> 깨끗한 양심에 믿음의 비밀을 가진 자라야 할지니(딤전 3:9).

> 자기 양심이 화인을 맞아서 외식함으로 거짓말하는 자들이라(딤전 4:2).

오랜 옛날부터 우리 인간은 두 가지의 사상적 배경을 두고 살아왔다. 그 출발은 신본주의(헤브라이즘)와 인본주의(헬레니즘)였다. 그 이후 경건주의와 계몽주의의 대립으로 이어졌다.

그런데 지금은 신, 불신 간의 대립보다 더욱 심각한 것은 기독교 안에서도 복음주의와 자유주의와의 대립이 심화되고 있다. 대부분의 미국과 유럽의 대표적인 신학교는 이미 자유주의에 오염되었다. 자유주의는 헬레니즘이나 계몽주의와 연합한 결과물이라고 볼 수 있다. 왜냐하면, 모든 판단기준을 인간의 이성에 두고 있기 때문이다.

예수님의 복음의 핵심은 "회개하라 천국이 가까이 왔느니라"이다. 심판이 가깝기 때문에 회개해야 하고, 천국이 가깝기 때문에 회개해야 한다는 말이다.

예수님을 믿지 않는 불신자들은 가던 발걸음을 돌이켜 예수님 앞으로 돌아와야 한다. 예수님을 믿는다고 하면서도 엉터리처럼 살아가는 사람들은 온전한 신앙인의 삶으로 돌아와야 한다.

진심으로 회개하자!

제5부

크리스천의 장례식

제1장 행복한 장례식

1. 아버지의 죽음과 행복한 장례식
2. 크리스천의 장례식은 천국 환송예배여야 한다
3. 천국 환송예배 때 갖출 정장은 흰색이어야 한다
4. 천국 환송예배: 천국 입성 축하예배

제2장 가장 이상적인 장례식

1. 추억을 나누는 장례식
2. 교훈과 애정을 나누는 장례식
3. 복음을 전하는 장례식

제3장 여러분을 초대합니다

1. 하나님의 천국에 함께 가요
2. 하나님의 천국은?

제1장

행복한 장례식

1. 아버지의 죽음과 행복한 장례식

Oh, Happy Day!

아버지는 그의 나이 60 정도가 되실 때부터 어머니와 함께 교회에 나가셨다. 지금은 목사가 된 나의 막내 동생이 군 입대를 앞두고 부모님께 말씀드렸다.

"제가 군대에 들어가기 전에 부모님께 부탁드리는 한 가지 소원이 있습니다."

그러자 아버지께서 대답하셨다.

"소원이 뭐꼬?

죽은 자식 소원도 들어주는데 산 자식 소원은 가능하면 들어줘야지"

동생이 부모님께 소원을 말씀드렸다.

"부모님 모시고 교회에 나가 예배 한번 드리고 싶습니다. 그동안 친구들이 부모님과 함께 교회에 나오는 것이 너무 부러웠습니다."

아버지께서는 흔쾌히 들어주셨다.

"그러자. 뭐 어려운 것도 아니네!"

그 즈음 서울의 성경학교 기숙사에서 드리는 나의 기도가 바뀌어 있었다. 아버지로부터 너무나도 큰 상처를 받았기에 어머니를 위한 기도는 드렸지만 아버지를 위한 기도는 잘 되지 않았었다. 축복의 기도는커녕 저주의 기도를 드릴 정도로 아버지에 대한 감정은 여전히 남아 있었던 것이다.

"하나님, 우리 아버지를 지옥의 가장 고통받는 곳으로 보내 주세요. 내가 왜 그랬던가, 아들이 교회 다니는 것을 왜 그렇게 반대하고, 학대하고, 내쫓았던가 하며 두고두고 지옥에서 영원히 이를 갈면서 후회하게 해 주세요."

이렇게 구체적으로 기도했었다.

그러던 어느 날 집을 떠나온 지 1년이 지나고 있을 무렵 어머니가 보고 싶은 마음에 가슴 깊은 곳으로부터 우러나오는 기도를 드리고 있었다.

"저의 어머니는 꼭 구원해 주셔야 합니다. 저 때문에 아버지한테 맞고 밟히고 고통받으신 어머니의 일생이 너무나도 불쌍합니다. 꼭 구원해 주십시오."

눈물 머금은 기도를 드리고 있는데 갑자기 내 마음 깊은 곳에서부터 "저의 아버지도요"라는 말이 터져 나오는 것이었다. 아버지를 용서하지는 못했지만 평생 공사장에서 흙먼지 마시며 고생하신 그분의 일생이 너무나도 불쌍하게 느껴졌다.

"저희 식구들을 모두 구원해 주시면 저의 생명을 아낌없이 하나님께 드리겠습니다."

서원 기도가 되어 버린 것이었다.

그리고 얼마 지나지 않아서 동생에게서 연락이 온 것이다.

"형, 어저께 어머니랑 아버지랑 같이 교회 갔다 왔어."

귀로 듣고도 믿을 수 없는 말이었다.
"아버지가?"
부모님은 그 일 이후 매주일 빠짐없이 교회로 나가셨다. 어머니는 매일 새벽기도회에 참석하셨고 일주일에 한 번은 전도 봉사와 성경 공부도 하시면서 신앙이 쑥쑥 자라 가셨다.
그렇게 약 20년의 세월이 지나고 어느 날 아버지가 위독하시다는 소식을 듣고 군에 있던 아들까지 불러내 부산으로 내려갔다.
고신대학병원에 입원하신 아버지는 거의 의식이 없으셨다. 겨우 숨이 붙어 있을 정도였다. 주용, 주찬 두 아들이 할아버지의 귀에 대고 "할아버지 저 주용이에요", "저 주찬이에요"라고 말해도 아무 반응이 없으셨다.
'응이라는 한마디만이라도 해 주시면 좋겠는데 ….'
속으로 생각하던 중 지나간 일들이 뇌리를 빠르게 스쳐 지나갔다.
'이제 마지막이구나!
아버지와의 길고 긴 세월 속 희로애락이 끝나는 순간이구나!
안타까움과 지독한 아버지 밑에서 견뎌야 했던 아픔들이 도리어 나를 강하고 담대한 성품의 하나님의 일꾼이 되게 하셨구나!'
이런 생각이 들면서 깨달아지는 것이 있었다.
'아, 하나님께서 우리 아버지를 통해 나를 훈련하신 거였구나!'
이미 죽은 것처럼 누워 계신 아버지 곁으로 다가가 두 팔로 끌어안고 귀에다 대고 말하기 시작했다.
"아버지, 저 성숩니다. 아버지 덕분에 제가 목사가 되었어요. 이렇게 강한 사람이 되었어요. 아버지, 사랑합니다. 아버지, 존경합니다."

평생 한 번도 해 보지 못한 말이었다.

아버지가 돌아가시기 전에 꼭 한 번이라도 말하고 싶어서 그랬다. 그런데 아버지가 기척을 보이시는 것이다. 눈거풀이 움직이며 무언가 말씀하려는 듯이 보였다.

나는 마지막에 아버지의 구원의 확신을 점검하고 싶었다. 그래서 아버지의 귀에다 대고 여쭤 보았다.

"제가 아들이 아니라 목사로서 아버지에게 마지막으로 묻습니다. 아버지는 예수 그리스도를 나의 구원자로 믿으십니까? 예수님을 믿고 의지함으로 천국에 들어가실 것을 믿으십니까?"

사실 아버지로부터 그 어떠한 대답도 기대하지 않았다.

다만 사람이 죽어 갈 때 마지막까지 살아 있는 기관이 다섯 감각기관 중 귀라는 말을 들어서 알고 있었기에 임종 직전까지 예수님을 잊지 않기를 바라는 마음에서 천국복음을 전해 드리려 한 것이었다.

그런데, 모두가 전혀 기대하지 않고 있던 일이 일어났다.

"아멘!"

아버지는 억지로 쥐어짜듯이 마지막 한 숨을 모아 뱉어내는 말이었다. 귀로 듣고도 믿을 수가 없어서 뒤에 서 있는 가족들을 뒤돌아보며 놀란 표정을 감출 수가 없었다.

나는 다시 한 번 아버지에게 천국에 가시게 될 것을 믿느냐고 물었다. 아버지는 다시 한 번 "아멘!"이라는 말씀을 하시고는 입을 닫으셨다.

우리가 서울로 올라온 후 부산의 가족들은 아버지께서 말씀을 전혀 안 하신다고 알려 왔다. 그리고 며칠 후 아버지는 만 80세가 되시던 2016년 12월에 돌아가셨다.

아버지의 임종 소식을 들었을 때 내 마음이 알 수 없는 감정으로 흥분되고 있음을 느꼈다.

'드디어 아버지가 천국에서 주님을 만나시게 되었구나!'

나는 교회 청년들에게 부탁하여 기타와 앰프, 그리고 신디사이저까지 악기를 챙겨 싣고 부산으로 향했다.

장례식의 하이라이트는 둘째 날 저녁 시간이었다. 가장 조문객이 많은 시간이다. 드디어 악기들을 준비하고 나와 청년들은 아버지의 장례 페스티벌을 준비했다.

그리고는 어느 누구도 예상 못한 노래가 시작되었다.

Oh- Happy Day (Oh- Happy Day)

Oh- Happy Day(Oh- Happy Day)

Oh- Happy Day when JESUS washed …

춤을 추듯이 몸을 흔들며 신나게 찬양을 부르고 난 후 마이크를 잡고 조문객들에게 내가 춤을 춘 이유를 말씀드렸다.

평생 하나님을 욕하고 교회와 목사를 비난하시던 아버지가 60세쯤 교회에 나가시고 성경을 몇 번이나 읽으셨고 자필로 필사하여 쓰시기까지 하셨다는 사실을 일가친지들에게 알리며 이제 천국에 가셨으니 '천국 환송식'을 즐긴 것이라며 내가 장례식에서 춤을 추고 노래 부른 이유를 이해시켜 드렸다.

그러나 우리집의 가장이면서 유일하게 예수님을 믿지 않았던 형님은 나의 설명에도 불구하고 도무지 이해하시려고 하지 않았다. 화가 머리끝까지 치밀었는지 혼자 방에 들어가서는 소주를 벌컥벌컥 들이키더니 울다가 웃다 하며 고래고래 소리를 지르고 있었다.

"예수 믿는 것들은 자기 아버지가 죽었는데 행복한 날이라고 노래를 부르냐?"

장례식이 끝난 후 6개월쯤 지난 어느 날 형님이 전화를 하셨다.

"동생아, 나도 교회에 나가야겠다 …."

2. 크리스천의 장례식은 천국 환송예배여야 한다

오래전 김영삼 대통령의 장례식 방송에서 천국 환송예배라는 글귀를 본 적이 있다. 교계에 원로가 되시는 옥한흠 목사님이나, 하용조 목사님, 조용기 목사님의 장례식에도 "천국 환송예배"라는 글귀가 등장한다.

지난 2016년은 우리나라의 기독교 장례 문화에 거대한 변화가 시작된 한해였다. 성서대학교의 이원옥 교수는 2016년 성경적 장례예식서를 출판했는데 그의 책 제목은 『우리 어머님 예수님 신부로 천국에 입성해요』이다.

그는 책을 통해 임종예배를 "소천예배"로 입관예배를 "소천송별예배"로 발인예배를 "천국 환송예배"로 바꾸어야 한다고 주장하였고, 화장터에서의 예배는 "천국 입성예배"로 매장지에서의 예배는 "부활 대망예식" 등으로 장례의 절차에 따라 다양한 예배의식을 설명하였고 각각의 예배의 모범설교도 제시하였다.

2016년 김헌수 목사의 『성경적 천국 환송』이라는 책이 출간 되었는데 장례 문화 전체의 변화를 주장한다.

그는 책을 통해 임종하신 분들에게 "천국예복"을 입혀 드리기를 주장한다. "축복의 양말", "하늘시민 명패", "천국 환송 리본",

"묘와 비석"에 이르기까지의 차별화된 장례용품 사용을 권한다.

그리고 2022년에는 『성경에서 말하는 장례』라는 책을 출판하여 장례에 대한 기독교적 용어들을 정리하고, 기독교적 장례예식과 절차에 대해 자세히 소개한다.

이제 우리 교회에서는 슬픔의 장례식이 아니라 소망의 장례식으로 장례 문화를 바꾸어 나가야 한다. 사실 예전에도 우리의 전통 장례식이나 일반인들의 장례식에 비해 기독교인들의 장례식은 극한 슬픔과 통곡 소리가 없었다.

도리어 장례식에 찬송과 예배가 진행된다.

장례식에 부르는 찬송가 중에는 슬픈 곡조의 찬송도 있지만 밝고 힘찬 곡조의 찬송가도 부른다.

>   천국에서 만나 보자 그날 아침 거기서
>   순례자여 예비하라 늦어지지 않도록
>   만나 보자 만나 보자 저기 뵈는 저 천국 문에서
>   만나 보자 만나 보자 그날 아침 그곳에서 만나자

누군가가 기독교인들은 왜 부모의 죽음에도 울지 않느냐고 묻는다면 천국으로 가셨는데 왜 울어야 하느냐고 반문하고 싶다.

사실 장례식은 슬픔의 이유가 충분히 있다. 지금도 군에 입대하는 아들을 보면서도 슬픔의 눈물을 흘리는 부모들이 있고, 딸의 결혼식에서 눈이 충혈되도록 눈물짓는 부모들이 있다. 1년 수개월을 군인의 신분으로 부모의 곁을 떠나는 아들이나, 평생을 시집살이해야 하는 딸을 보내며 슬퍼하는 데도 충분한 이유가 있다.

이와 마찬가지로 이 세상에서는 다시 만날 수 없는 오랜 이별을 기약하는 장례식이야말로 그 무엇보다도 슬픈 일임에 틀림없다.

늙으신 부모님의 장례식도 슬픈 일이고 아직 어린 자녀들의 죽음이라면 더더욱 가슴이 미어지도록 슬픈 일임에 틀림없다. 그러나 그것은 이 세상에서 살아가는 우리들의 관점이다.

망자에게 있어서 죽음이란 사건은 우리들의 입장과 다르다. 망자가 늙은이든지, 젊은이든지, 아니면 어린아이일지라도 죽음의 순간 이후에는 너무나도 평안하고 행복한 삶이 시작하는 순간이라는 것이다. 나 스스로가 경험한 바에 따르면 최소한 기독교인이라면 그렇다는 이야기이다.

그러므로 천국행이 확실한 크리스천의 장례식은 '슬픔의 예식'이 아니라 '기쁨의 예식'일 수가 있다는 말이다. 어차피 우리 인생은 머나먼 하나님의 나라에서 이 땅으로 잠깐 여행 온 여행자에 불과하다. 이 사실은 기독교인이 아니라도 공감하는 부분이다.

오래된 옛 노래 중에 〈하숙생〉이란 노래가 있다. 가수 최희준의 노래이다. "인생은 나그네길 어디서 왔다가 어디로 가는걸까"라는 노랫말을 보면 성경을 알지 못하는 이들은 우리 영혼의 출발지가 하나님으로부터라는 사실을 알지 못하기에 "어디서 왔다가 어디로 가는 걸까"라는 의문을 가질 뿐이지 우리 영혼이 어디서 왔다가 어디로 떠나간다는 사실에 대해서는 공감하고 있는 부분이다.

우리는 '하숙생'이며 '나그네'이며 '여행자'이기 때문이다. 하나님의 마음은 근원적으로 선량하신 분이다.

우리의 영혼이 하나님께로부터 왔다는 증거는 동양인이나 서양인이나, 백인이나, 흑인이나 할 것 없이 모든 인간은 선한 마음 즉 양심을 소유하고 있다는 것이다. 가끔 이 양심에 화인 맞은 사람들이 있기는 하지만 대부분의 사람 속에는 선량한 마음, 즉 양심이 있다는 것이 그 증거이다.

3. 천국 환송예배 때 갖출 정장은 흰색이어야 한다

30년간 목회하면서 아직까지 풀리지 않는 의문이 있다.
왜 모든 장례식에 검은색 정장을 입어야 하는가?
기독교인이건 비기독교인이건 간에 모든 장례식에서 규격화 된 정장은 검정색 양복에 검정색 넥타이이다.
왜 검정색일까?
전 세계적으로 살펴보아도 검정색 옷을 입었다는 기록은 흔치 않다. 고대 이집트에서 상복은 노란색이었고, 로마 시대에는 진한 청색 옷을 입었다. 14세기에서 15세기에는 검정색, 녹색, 청색 옷을 입었다고 한다.
검정색 상복의 유래를 영국의 빅토리아 여왕으로부터라는 설이 있다. 실제로 빅토리아 여왕은 1861년 남편 장례식에 검정색 상복을 입었다는 자료들이 있다.
아니면 미국의 서부 영화 속에서 천주교 신부님이나 조문객들이 장례식에서 입은 정장이 우리에게 자연스럽게 인식된 것일까?
그런데 서양에서 검정색 옷을 입는 이유를 제대로 알고 나면 검정색 정장이 얼마나 잘못된 것인가를 알 수 있다. 서양인들이 장례식에 갈 때나 유족으로서 장례식을 치루는 동안 머리에서 발끝까지 검정색 일색으로 차려 입는 이유는 황당하게도 귀신이 자신을 알아보지 못하게 하려는 의도라는 것이다.

자신을 감추려는 의도?

그래서 흑인들은 도리어 흰색으로 자신의 피부를 칠하기도 했다는 것이다.

예를 들어, 아버지가 돌아가셨는데 아버지의 영혼이 나를 알아보지 못하도록 위장의 목적으로 상복을 입는다?

아버지의 영혼이 나를 데려가지 못하도록 하기 위해서 검정색 위장복을 입어야 한다?

어처구니 없는 발상이다.

필자는 평생을 목회하면서 귀신을 쫓아 본 경험이 다수 있다. 귀신들에게 누구냐고 물으면, 대부분의 귀신들이 가까운 가족들이라고 대답했다. 할머니, 할아버지, 부모, 고모, 이모 등. 처음에는 귀신이 하는 말이 사실이라고 판단했지만 영적으로 성숙해 가면서 그 모든 대답이 거짓말이라는 사실을 알게 되었다.

아버지라고 대답했던 귀신의 정체는 아버지가 아닌 아버지에게 붙었던 귀신이었다는 사실을 알게 되었기에 단호히 예수의 이름으로 쫓아냈던 것이다.

만약 독자들은 자신이 죽었을 때 살아 있는 자녀들을 저승으로 끌고 가겠는가?

성경 누가복음 16장에 부자가 지옥에 갔다는 이야기가 나온다. 그는 지옥에서 고통받으며 아브라함에게 한 가지 부탁을 한다. 그것은 아직도 살아 있는 자신의 다섯 형제가 회개하고 바르게 살아서 자신이 던져진 지옥에 오지 않게 해 달라고 부탁한 것이다.

죽은 형제라도 그 형제들이 잘 살기를 바라는데, 어느 부모가 자신이 지옥 간다고 자식들까지 지옥으로 끌고 가려고 하겠는가?

앞에서 설명한 대로 검정색 정장은 너무나도 어처구니 없는 발상에서 나온 결과물이다. 사실 필자가 경험한 바로는 사람이 죽었을 때 검정색을 입은 존재들과 흰옷을 입은 존재들이 나타난다.

흰옷을 입은 존재들은 천사들이다.

그렇다면 검정색 옷을 입은 존재들은?

〈사랑과 영혼〉이라는 영화 속에 나타난 검정색을 입은 이들처럼 그들은 저승사자들인 것이다. 천사가 하나님의 종들이라면, 저승사자는 마귀의 종들이다.

우리가 고인에게 있어서 가까운 가족이라면, 아니면 내가 누군가의 장례식에 참여한다면, 저승사자처럼 검정색 정장을 입겠는가?

아니면 천사들처럼 흰색 예복을 입겠는가?

이제부터는 흰옷을 입자!
축복의 메신저인 천사들처럼 흰옷을 입자!
저주의 상징인 검정 양복을 벗어 버리자!

사실 우리나라의 상복은 전통적으로 흰색 삼베옷이었다.

필자가 어렸을 때 상여를 따라가는 유족들은 모두가 흰색 베옷을 입고 있었던 것으로 기억한다. 남자들이 머리에 쓰는 두건이나 여자들이 머리에 매는 띠도 모두가 흰 천으로 만든 것이었다.

지금까지도 망자의 수의는 대부분 흰색의 베옷이다. 망자도 흰옷을 입고 유족들도 흰옷을 입어야 한다. 이와 마찬가지로 조문객들도 흰색 정장을 입어야 한다는 말이다.

왜 흰색이어야 할까?

첫째, 흰옷은 부활과 승리를 상징하는 옷이기 때문이다.
요한계시록 3장 5절에 "이기는 자는 흰옷을 입을 것이요 …"라고 했으니 흰옷은 승리를 상징하는 것이고, 부활을 상징하는 것이기 때문이다.

> 또 보좌에 둘려 이십사 보좌들이 있고 그 보좌들 위에 이십사 장로들이 흰옷을 입고 머리에 금관을 쓰고 앉았더라(계 4:4).

여기서 장로들은 신앙생활에 승리하고 하나님께 인정받아서 하나님의 보좌 주변의 보좌들에 앉은 이들이다. 이들의 옷차림은 흰옷을 입고 있었다. 그들 역시 승리자로 인정하시고 하나님께서 예비하여 입혀 주신 옷인 것이다.

둘째, 예수님의 무덤을 지키던 두 천사도 흰옷을 입었다.

> 흰옷 입은 두 천사가 예수의 시체 뉘었던 곳에 하나는 머리 편에, 하나는 발 편에 앉았더라(요 20:12).

두 천사는 예수님의 장례 현장에 방문한 천사들이다. 오늘날 장례식의 조문객과 같은 것이다. 그렇다면 우리가 장례식에 참석하게 될 때도 가능하면 흰옷을 입고 참여하는 것이 바람직하다는 말이다.

나의 평생에 가장 아름다운 장례식은 지금부터 약 25년 전 강송애 집사님의 장례식이었다. 당시 10여 명의 성가대원들이 흰색 성가대 가운을 입고, 나는 흰색 목회자 가운을 입고 집사님의 아파트 주차장에서 장례식을 집례했었다. 많은 아파트 주민이 신기한 듯 내려다 보는 가운데 우리는 성대하게 장례예식을 진행했던 기억이 지금까지도 선명하다.

이제부터는 천사처럼 장례식장을 방문하고 그 가정을 위로하고 축복해 주자.

4. 천국 환송예배: 천국 입성 축하예배

평생 믿음을 지키다가 사망에 이른 성도들에 대해서는 별세(別世)하셨다는 말을 쓰지 않는다. 그의 목적지가 분명히 천국이라면, 그런 사람의 죽음에 대해서는 별세가 아니라 소천(所天)이라는 용어가 적절하다.

'별세'란 말 그대로 이별, 작별이라는 의미가 담겨 있다. 가족과의 이별, 관계된 모든 사람과의 이별, 더 나아가서는 정들었던 집과 자동차와 이 세상의 모든 것과 이별이라는 뜻이다.

예를 들어, 누가 서울 강북 지역에 살다가 계약 기간이 다 되어 집을 비워야 한다면 자신이 옮겨 갈 집부터 알아봐야 할 것이다. 가능하다면 강남 쪽으로 이사하여 더 나은 삶을 준비해야 할 것이다. 그런데 만약 자신이 이사갈 집을 구하지 못한 채 짐을 꾸려서 나온다면 그는 그 순간 노숙인 신세가 되어 버리는 것이다.

이와 마찬가지로, 우리는 이 세상을 떠나기 전에 내가 갈 곳을 알아보고 준비해야 한다. 그것이 신앙생활이다. 자신의 마음을 수양하고 현재 삶을 살면서 미래적 삶을 준비하는 사람이 지혜로운 사람인 것이다.

  자신의 부족함을 알고 예수님을 의지하며 살았던 사람에게 하나님께서는 천국을 약속하신다. 그러므로 신앙생활을 하며 천국을 소망했던 사람의 장례식은 이 세상 졸업식 날이며, 천국 입학식 날이다.

  누가 OO고등학교를 졸업하고 다음날 서울대학교 입학식을 한다면 그 며칠간은 슬픔이 지배할까, 기쁨이 지배할까?

  그러므로 장례식의 슬픔이 20퍼센트라면 천국 입성의 기쁨은 80퍼센트가 되어야 하지 않을까?

  그래서 이제부터는 "장례예배"라는 말보다 "천국 환송예배"라는 말이 더욱 어울리며 더 나아가서는 "천국 입성 축하예배"라고 하면 어떨까?

제2장

가장 이상적인 장례식

1. 추억을 나누는 장례식

　장례식 전체를 이별의 슬픔으로 가득 찬 시간들이 아니라 추억을 나누는 시간들로 꾸민다면 좋겠다.

　예를 들어, 권사이신 필자의 어머니가 소천하셨다면, 장례식장의 큰 TV화면을 통해 조문객들에게 어머니와 함께했던 추억이 담긴 동영상들을 편집하여 상영하면서 어머니의 삶이 얼마나 아름다웠는지를 나눈다면 얼마나 좋을까?
　지인이나 이웃, 또는 조문객들에게 어머니의 삶을 공유할 때 조문객들의 기억 속에 나의 어머니가 아름다운 사람으로 기억된다면 이 또한 얼마나 좋을까?
　장례식장이 이별과 좌절, 그리고 절망과 슬픔이 흐르는 장소가 아니라, 서로 함께 위로하고 축복하고 새로운 천국 소망으로 넘쳐난다면 이 또한 얼마나 좋을까?
　요즈음 결혼식장에서 두 사람의 어린 시절이나 연애시절 등 지금까지의 과정을 담은 영상을 소개하는 것처럼, 장례식장에서도 우리 가족에 대한 그리고 고인과의 추억에 대한 다양한 자료를 영상으로 소개하며 고인에 대한 사랑과 영원히 누릴 축복의 미래를 염원한다면 아름다운 장례식이 되지 않을까?

　2019년 빌보드 어워드에서 탑 크리스천 아티스트로 수상한 바 있는 CCM 가수 로렌 데이글(Loulan Daigle)은 어릴 때 할아버지와 어느 친구보다도 더 친밀하고 좋은 관계 속에서 사랑받으며 자라났다.
　할아버지는 누구보다도 자신을 지지해 주고 응원해 주었으며 사람들 앞에서 노래할 기회를 만들고 격려해 주며 미래적 비전을 심어 주신 것이었다. 그랬던 할아버지가 암투병 중에 있을 때 그녀는 자신의 곡을 녹음해야 하는 중요한 시기에 모든 것을 내려놓고 할아버지가 계신 고향으로 돌아가 할아버지의 병간호를 자처한다.
　로렌이 할아버지의 병실에 들어섰을 때 할아버지의 병실은 주님의 임재로 가득한 것을 느꼈다.
　며칠 후 할아버지는 로렌이 보는 가운데 돌아가셨다. 돌아가시는 순간 할아버지는 "예수님이 보인다"고 말씀하셨고 환하게 웃는 모습으로 돌아가셨다. 그 순간 로렌의 눈이 열려 할아버지가 천국의 문으로 들어가시는 것을 보게 되었다고 한다.
　이 일 후로 로렌은 죽음이 전혀 두렵지 않게 되었고 천국은 세상 어느 곳보다도 아름다운 곳으로 느껴진다고 한다.
　어떤 이에게 장례식은 슬픈 이별의 순간으로 인식하지만 자신에게는 천국에서 다시 만날 날을 약속하는 천국 소망으로 가득한 순간들이라고 회상한다.
　그 이후 지금까지 로렌은 많은 사람에게 용기를 주고 위로와 희망을 주는 CCM을 부르고 있다.

2. 교훈과 애정을 나누는 장례식

자녀들의 입장에서 아버지의 장례식을 준비할 때 아버지가 남기신 교훈을 많은 사람과 공유하는 기회로 삼자.

예를 들어, 아버지가 가훈을 정한 이유나 목적을 타인과 공유하는 시간으로 활용한다. 이에 대한 구체적인 방법으로는 장례식장에 집에 걸렸던 가훈을 가지고 가서 전시하면 된다.

그리고 평생 살면서 하신 행동 중에 타인의 모범이 되었던 일이나 칭찬할 만한 일, 탁월한 선택, 꼭 기억해야 할 일 등을 다양한 방법으로 전달하는 기회로 삼는다.

대회에서 받은 상이나 메달 등을 전시하는 것도 좋은 방법이 되겠다. 성경 필사를 하셨다면 필사본을 전시해도 되겠고, 특별한 그림을 그리거나 작품을 만드셨다면 그 그림이나 작품을 전시하는 것도 좋은 방법이다.

이처럼 교훈을 나누는 장례식을 위해서는 우리 모두가 자신의 죽음을 구체적으로 준비하는 것이 필요하게 된다.

'내가 죽을때 어떻게 유언을 할까?'

이 고민은 대부분의 사람이 한 번 쯤은 해 보았을 만하다.

유언장을 쓰는 것이 중요한데 유언장의 기능은 주로 자신의 가족들에게만 할 수밖에 없는 한정적인 약점이 있다. 기껏 한 장 또는 두 장의 유언장으로는 하고 싶은 말을 다 쓸 수가 없기 때문이다.

그러므로 다음과 같은 내용을 고민하며 자신의 장례식을 스스로가 준비하며 사는 것도 중요하다.

'나의 장례식을 통해 자녀들에게는 어떤 교훈을 남길까?'
'나의 장례식을 통해 친구들에게는 어떤 교훈을 남길까?'
'나의 장례식을 통해 조문객들에게는 어떤 교훈을 남길까?'

요즈음은 미디어가 발전한 시기이므로 자신이 남기고 싶은 이야기들을 자녀들 각자에게, 일가친지 각자에게, 친구 각자에게, 주변의 이웃이나 지인들 개인 개인에게 하고 싶은 말, 남기고 싶은 말들을 글이나 이모티콘, 그림 메시지 또는 영상으로 준비해 보자.

친구와 심하게 다툰적이 있다면 그 친구에게는 화해의 메시지를 남기면 좋겠다. 누군가와 오해가 있었다면 그 사람에게도 오해를 풀 수 있는 해명의 메시지를 남기면 좋겠다.

그리고 자녀들에게는 "사랑한다", 모두에게는 "너 때문에 행복했었다"라는 따뜻한 메시지를 남기면 좋겠다.

3. 복음을 전하는 장례식

우리 인간이 살아가면서 평생에 하는 말 가운데 가장 중요한 말 두 가지를 찾는다면 다음과 같은 말이다.

첫째, "나는 주 예수 그리스도를 믿습니다"라는 신앙고백
둘째, "예수 믿으세요"라는 전도의 외침

이 두 가지가 가장 소중한 이유는 신앙고백은 내가 영원한 영생을 얻는 결과가 되고, 전도 메시지는 누군가를 영생에 이르게 하

기 때문이다.

"고아의 아버지"로 불리는 조지 뮬러(George Muller)는 평생에 친구가 구원받도록 기도하다가 죽었는데 그 친구는 뮬러의 장례식에 참석했다가 '신앙고백'을 하고 구원을 받게 되었다.

자신이 죽어 가면서도 십자가에 달린 강도를 구원하신 예수님처럼, 자신의 장례식을 통해 친구를 구원한 조지 뮬러처럼, 우리의 장례식장을 영혼을 구원시키는 전도의 현장이 되게 하자.

그러므로 장례 기간 중에 일정한 시기 별로 예배를 드리는 것도 좋고, 천국에 대한 영화 상영을 통해 천국에 대한 믿음을 가지게 하는 것도 좋은 방법이 될 것이다.

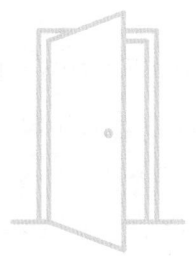

제3장

여러분을 초대합니다

1. 하나님의 천국에 함께 가요

가능하다면 이 세상의 70억 인류와 함께 가고 싶은 곳이 천국이다. 그리고 이 글을 읽은 사람이라면 꼭 함께 가자고 강권하고 싶은 곳이다.

오늘날 우리 주변의 기독교인들 중에도 많은 이가 천국에 대한 막연함을 가지고 살아간다.

얼마나 멋진지?
얼마나 아름다운지?
얼마나 굉장한지?

천국에 대한 구체적인 그림이 없다.
천국은 얼마나 크고 넓을까?
구약성경 이사야서 40장 15절을 의역하면 다음과 같다.

> 보라 하나님 앞에는 지구가 드럼통의 물 가운데 물 한 방울과 같고 저울의 작은 티끌 같으며 섬들은 떠오르는 먼지 같으리니 (사 40:15, 의역).

어떤가?

우리가 대단하다고 여기는 이 세상이 아무리 크고 아름다워 보여도 천국에 비하면 새발의 피, 즉 아무것도 아니라는 뜻이다. 우리가 살고 있는 지구는 거대한 드럼통 가운데 한 방울의 물 정도에 불과하다는 말씀이다.

필자는 오래전 러시아 단기 선교 중에 러시아의 동과 서를 횡단해 본 적이 있다.

우즈베키스탄의 타슈켄트에서 러시아의 수도 모스크바까지 2박 3일(56시간)을 기차로 이동하며 차창 밖으로 끝없이 펼쳐진 지평선을 본 적이 있다. 그리고 최근에는 미국 서부 캘리포니아에서 동부 노스캐롤라이나를 약 20시간 동안 렌터카로 달려 본 적이 있다. 당연히 미국에서도 지평선을 볼 수 있었다.

우리나라는 지평선을 볼 만한 곳이 없을 정도로 작은 나라이다. 우리나라에서 살다가 미국이나 러시아 같은 큰 나라에 가 보면 눈이 번쩍 뜨인다.

그러나 아무리 큰 나라라도 동에서 서로 또는 남에서 북으로 100시간 이상을 기차나 자동차로 달려갈 수 있는 곳이 있을까?

우리가 살고 있는 지구촌의 나라들은 이처럼 제한적인 공간이다. 그러나 성경에서 말하는 천국은 너무나도 아름답고 무한히 광활한 곳이다. 오염이라고는 전혀 없고 유해한 어떤 것도 없는 곳이다.

모든 죄의 근원이 되는 사탄, 마귀가 없는 곳이니 가난이 없고, 욕심도 없고, 다툼도 없고, 모든 죄의 요소가 하나도 없는 곳이니 불만제로의 세상인 것이다. 그런데, 성경을 알지 못하는 이들에게는 이러한 정보가 없다. 그러니 당연히 천국에 대한 기대감도 없다. 그러므로 우리 그리스도인들은 아직도 하나님을 알지 못하는 이들을 향해 열심으로 전도해야 할 의무가 있다.

구약성경 에스겔서에 예수님을 믿는 사람들에게 주시는 경고가 있다.

> 죽음이 다가오는데 알리지 않음으로 사람들이 죽게 된다면 그 죄는 내가 파수꾼의 손에서 찾으리라(겔 33:1-6).

파수꾼이 누구인가?

먼저 보고, 먼저 아는 자가 파수꾼이다. 먼저 믿으면서도 주변인들에게 '믿음의 세계'를 바르게 전하지 못하는 이들은 주변인들의 죄 값을 감당해야 한다는 말씀이다.

조금 비약해서 해석해 보자.

만약 여러분 주변에 예수님을 안 믿고 지옥 가는 사람, 예수님을 못 믿고 지옥 가는 사람이 있다면?

하나님께서는 예수님을 몰라서 못 믿은 사람의 죄를 예수님을 믿는데 전하지 않은 이웃 사람에게 물으신다는 말씀이다.

그렇다면 어떤 결과가 될까?

예수 믿으면서 전하지 않은 사람도 하나님의 심판을 받게 된다.

어떤가?

기독교인들이여 두렵지 않는가?

그러므로 이 책을 읽는 독자 중에 기독교인이 있다면 그대들은 그대들이 깨달은 진리를 전하라.

하나님이 살아 계시고 천국이 실존한다는 사실을 전하라.

바리새인처럼 가만히 앉아 남을 판단하고 정죄할 것이 아니라 바르게 믿고, 실천적인 삶으로 천국을 전하라는 말이다.

내가 먼저 세상의 빛이 되고, 세상이 필요로 하는 소금이 되어야 하지 않겠는가?

모든 생명 있는 것들은 자연스럽게 빛이 있는 곳으로 나아오기 때문이다.

성경에 나타난 하나님의 경고와 명령의 내용은 무수하지만 이 모든 내용 가운데 필자가 10여 년 전에 비전으로 받은 이사야 60장 1-3절로 마무리하려 한다.

> 일어나라 빛을 발하라 이는 네 빛이 이르렀고 여호와의 영광이 네 위에 임하였음 이니라 보라 어둠이 땅을 덮을 것이며 캄캄함이 만민을 가리려니와 오직 여호와께서 네 위에 임하실 것이며 그의 영광이 네 위에 나타나리니 나라들은 네 빛으로 왕들은 비치는 네 광명으로 나아오리라 (사 60:1-3).

> **Arise, shine, for your light has come, and the glory of the LORD rises upon you. See, darkness covers the earth and thick darkness is over the peoples, but the LORD rises upon you and his glory appears over you. Nations will come to your light, and kings to the brightness of your dawn** (Isaish 60:1-3).

2. 하나님의 천국은?

선한 양심을 가진 착한 사람들, 이웃사랑을 실천하는 좋은 사람들, 나의 의가 부족함을 알고 예수님을 믿고 의지하는 사람들, 그리고 하나님을 닮고 하나님의 마음을 가진 사람들이 가는 곳이다.

사랑하는 여러분, 우리 모두 천국에서 만나요.

꼭이요! -^^

〈집으로 가자〉라는 곡이 있다.

이제는 고인이 되셨지만 공교롭게도 필자와 이름이 같은 (고)김성수 목사가 작사, 작곡한 노래이다.

이 곡이 만들어진 배경은 김성수 목사의 CD에 기록되어 있다.

김성수 목사가 대학생활을 하던 중 구원의 확신에 대해 깊게 고민하던 시기에 어느 날 꿈을 꾸게 되었는데 꿈속에서 하늘이 열린 것을 보았다고 한다.

예수님과 천사들이 이 땅을 내려다 보고 계셨고 그 가운데 천사들은 춤을 추며 이 노래를 부르더라는 말이다. 김성수 목사는 천사들과 함께 밤이 새도록 이 노래를 부르며 함께 춤을 추었다고 한다. 꿈에서 깨어나 즉시 펜을 잡고 꿈에서 들은 곡조를 써 내려간 것이 이 곡이라고 했다.

여기서 말하는 집은 하나님의 집이요, 천국을 가리키는 말이다.

집으로 가자

집으로 가자 집으로 가자 이런 눈물 흘리지 않는 곳
집으로 가자 집으로 가자 내 아버지 기다리시는 그곳에
안녕 친구여 곰곰이 생각해 봐 그대는 지금 자유로운지
안녕 친구여 감추지 않아도 돼 애써 웃는 모습 안 보여도 돼
구원받은 몸이라 안심하고 있었나 끊임없이 생기는 어둔 죄 감춰둔 채
의인은 믿음으로 살리라 하셨는데 친구 넌 그 뜻을 진정으로 아는가
집으로 가자 집으로 가자 이런 눈물 흘리지 않는 곳
집으로 가자 집으로 가자 내 아버지 기다리시는 그곳에
집으로 가자 집으로 가자 어둔 죄로 아파하지 않는 곳
집으로 가자 집으로 가자 내 아버지 기다리시는 그곳에
안녕 친구여 생각해 보았는가 정말로 천국 갈 수 있는지
안녕 친구여 세상 떠나갈 때에 칭찬하는 하나님 뵐 수 있는지
마음속 깊은 곳에 하나님이 계신가 희미한 예감으론 평안을 얻지 못해
예수님 알기 위해 얼마나 고민했나 아직도 이 세상을 그렇게 기대하나
집으로 가자 집으로 가자 어둔 죄로 아파하지 않는 곳
집으로 가자 집으로 가자 내 아버지 기다리시는 그곳에

영혼의 찬가 (자작시)

나는 누구인가?

새털보다 가볍고 공기보다 가벼운 나는 누구인가?

허공으로 솟아 오르며 바닥에 누운 육체를 내려다보는 나는 누구인가?

가장 완벽한 자유함 속에서 탄성을 쏟아내는 나는 누구인가?

전혀 불안함이 없이 오직 평안과 고요함에 에워싸인 나는 누구인가?

순박한 아이의 마음, 천사의 마음으로 가득한 나는 누구인가?

주변의 어떤 것도 의식함이 없이 오직 위에 계신 한분만 의식하고 있는 나는 누구인가?

세상 속에 머무르려 하지만 자꾸만 하늘을 향해 무한히 떠오르려 하는 나는 누구인가?

나는 영혼이야!

나를 지으신 하나님을 아버지라고 부르는 그 영혼이야!

천사보다도 고귀하고 소중한 그 영혼이야!

하나님이 언제나 변함없이 함께 하셨던 그 영혼이야!

영원히 존재하시는 하나님과 함께 영원히 살아갈 그 영혼이야!

나는 하나님을 닮아 무한한 사랑으로 충만한 그 영혼이야!

나는 영원한 하늘나라의 주인공, 영혼이야!

에필로그

끝까지 이 책을 읽어 주신 분들에게 하나님의 은혜와 평강을 기원합니다.

남아 있는 여생을 보람되고 가치 있게 사십시오.

이기적이 아닌 이타적인 삶을 사시고, 나의 목적보다 하나님의 뜻을 바라보며 사십시오.

그렇게 각자에게 주어진 삶의 순간들을 행복하게 사시다가, 언젠가 죽음이 찾아오면 천사들과 함께 춤추며 날아올라 은하수 너머의 천국에서 만납시다.

그리고 하늘 아버지와 우리 예수님과 보혜사 성령님과 하늘의 천사들과 전 세계에서 하나님의 가족으로 부름 받은 사람들과 함께 영원한 행복을 누리며 살아요.

꼭이요!

소석(小石) 김성수 올림.

* 소석(小石) :
다윗이 골리앗과 싸울 때 시냇가에서 주운 작은 돌맹이 하나로 거대한 적장 골리앗을 쓰러뜨렸다. 나의 일생은 다윗의 물맷돌처럼 우리 교회와 사회의 갖가지의 모순된 관습과 제도를 부숴뜨리고 변화시키고 새롭게 세우는 일에 쓰임 받는 작은 돌맹이가 되고자 한다.